博士文库

BOSHI WENKU

〔法学 · 法理学〕

公共利益论域中的知识产权限制

GONGGONG LIYI LUNYUZHONG DE ZHISHICHANQUAN XIANZHI

彭礼堂 著

知识产权出版社

内容提要

本书从公共利益视角以七章的内容论述知识产权限制问题。作者探讨了知识产权的权利属性、知识产权限制的理论依据和基本特征，分析了知识产权限制的种种原因，论述了知识产权限制与公共利益的关系，还对各主要国家的相关制度进行比较，对完善我国知识产权限制制度提出了建设性意见。

本书适于知识产权领域学习者、研究者、实务工作者参考使用。

责任编辑：刘　睿　　**责任校对**：韩秀天
特约编辑：徐　学　　**责任出版**：卢运霞

图书在版编目（CIP）数据

公共利益论域中的知识产权限制/彭礼堂著．—北京：知识产权出版社，2008.10
（博士文库）
ISBN 978-7-80247-154-2
Ⅰ．公…　Ⅱ．彭…　Ⅲ．知识产权-研究　Ⅳ．D913.04
中国版本图书馆 CIP 数据核字（2008）第 161284 号

公共利益论域中的知识产权限制

彭礼堂　著

出版发行：知识产权出版社

社　址：	北京市海淀区马甸南村 1 号	邮　编：	100088
网　址：	http：//www.ipph.cn	邮　箱：	bjb@cnipr.com
发行电话：	010-82000860 转 8101	传　真：	010-82000889
责编电话：	010-82000860 转 8113	责编邮箱：	liurui@cnipr.com
印　刷：	知识产权出版社电子制印中心	经　销：	新华书店及相关销售网点
开　本：	880mm×1230mm　1/32	印　张：	7.875
版　次：	2008 年 10 月第 1 版	印　次：	2009 年 1 月第 2 次印刷
字　数：	200 千字	定　价：	20.00 元

ISBN 978-7-80247-154-2/D·715（2198）

序

知识产权本质是一种私权。作为私权，它广泛涉及公共利益，因而它是一种具有较强公共利益属性的私权利。不承认知识产权的私权本质并依法对知识产权专有权予以保护，将会挫伤知识产权创造者生产出更多更好的知识产品的积极性，并将导致整个知识产权制度大厦的毁损；不承认知识产权的公共利益属性，过度保护知识产权而忽视社会公共利益的存在亦不是知识产权制度建立的最终目的。自知识产权制度创立以来，知识产权保护与社会公共利益的矛盾就一直存在。从一定意义上讲，知识产权制度的发展史就是知识产权保护与社会公共利益这一对矛盾相互作用、发展的历史。如何正确协调和处理好这一对矛盾，引起了法学界、经济学界、社会学界的广泛关注。彭礼堂博士以“公共利益与知识产权限制”为主题对知识产权限制的基本理论问题展开研究，论题具有重大的理论和现实意义。

彭礼堂博士是从公共利益视角论述知识产权限制问题的。全书分为绪论、知识产权限制的基础理论、知识产权限制的原因分析、知识产权限制与公共利益的关系、各主要国家知识产权限制制度比较、从公共利益角度论我国知识产权限制制度的完善、研究结论与展望七章内容。在知识产权限制的基础理论部分，作者探讨了知识产权的权利属性、知识产权限制的理论依据、知识产权限制的基本特征；在知识产权限制的原因部分，作者对与知识产权限制密切相关的知识产权权利滥用、知识产权利益平衡、知识产权权利冲突等知识产权限制法的基本范畴进行了深入分析；在知识产权限制与公共利益的关系部分，作者首先论及公共利益在知识产权限制制度中的地位，然后分析知识产权限制制度维护公共利益的功能，最后对维护公共利益的知识产权限制制度作了类别划分。在该论著中，作者还对各主要国家的著作权限制制度、专利权限制制度、商标权限制制度进行了比较；对我国现有的知识产权限制制度的立法进行了系统梳理，对我国知识产权限制制度体系进行了探讨，在相关论述的基础上，就完善我国知识产权限制制度的相关问题提出了建设性的意见和建议。

在知识产权的权利属性问题上，彭礼堂博士不赞成知识产权公权属性或公权化的提法，认为知识产权本质是私权，是具有较强公共利益属性的私权，正因为知识产权具有较强的公共利益属性，知识产权限制才成为必要。在知识产权限制的理论问题上，彭礼堂博士在介绍、比较权利限制的内在理论和外在理论的基础上，结合知识产权自身的权利属性，提出了知识产权限制的混合限制理论。在知识产权限制的原因问题上，彭礼堂博士在分析与知识产权限制密切相关的知识产权权利滥用、知识产权利益平衡、知识产权权利冲突等范畴的基础上，认为较之于知识产权滥用和知识产权利益平衡，把知识产权冲突看做是知识产权限制的主要原因更为合理。在知识产权限制制度的完善部分，彭礼堂博士认为，我国主体知识产权限制制度的立法应变列举式立法模式为一般条款与列举式并列的新的立法模式；我国知识产权限制制度在与发达国家知识产权限制制度和知识产权国际公约逐渐靠近的同时，应强调本国特色；应消除现有公共利益概念使用和公共利益内涵表达不一致等缺陷问题；在强调对知识产权进行限制的同时亦应对公共利益进行限制，使其合法化。这些观点得到了同行专家曹新明教授、易继明教授、朱雪忠教授、郑友德教授、刘华教授、魏纪林教授、夏清华教授的承认和肯定，充分反映出彭礼堂博士的富有原创性的、有重要价值的工作，论著的上述论点具有创新性。

当然，公共利益与知识产权限制问题还可以从更全面的角度进行分析。比如，就公共利益问题，论著可在内容上对各种形式的知识产权限制及其利弊进行大量实证分析，于此之上，建立一个分析模型。由此建立起来的知识产权限制理论对知识产权限制制度立法实践的意义将更为深远。

作为他的博士生导师，在彭礼堂博士的学术著作《公共利益论域中的知识产权限制》一书即将出版之际，欣然作序。希望他的著作的出版能引起学界同仁对知识产权限制理论研究的重视和关注，并能通过理论对实践的指导作用使我国知识产权限制制度的立法逐步走向完善。

罗玉中

2008年6月于北大蓝旗营

摘　要

知识产权法一方面要保护知识产权人的利益，另一方面要保护社会公众对知识产品的利用，以促进整个社会科学、文化和技术的发展。为实现知识产权法的双重目的，知识产权法在确认知识产权专有权的同时，亦规定了对知识产权专有权的限制，以均衡知识产权人个人利益与社会公共利益。社会公共利益是知识产权权利限制的主要动机和目的。知识产权限制与社会公共利益的关系问题是知识产权法中的重要基础理论问题，它对于知识产权法价值目标的实现具有非常重要的意义。

本书首先从对知识产权权利属性的认识入手来论及知识产权限制的基本理论问题。本书作者不赞成知识产权公权性质或公权化的提法，认为知识产权本质是私权，是具有较强公共利益属性的私权，正因为其具有较强的公共利益属性，知识产权限制才成为必要。在对权利限制的内在理论和外在理论进行比较的基础上，本书作者提出了知识产权限制应采用以内在理论为主、兼顾外在理论的混合限制理论，同时论述了知识产权限制的基本特征。

本书对知识产权限制的原因进行了分析。通过分析比较与知识产权限制原因密切相关的知识产权滥用、知识产权利益平衡、知识产权冲突等范畴，认为知识产权滥用是一种特殊的知识产权侵权行为，侵权行为导致的后果是侵权人承担相应的法律责任，对知识产权滥用只存在规制（预防和制裁）问题而不存在限制问题，因此知识产权滥用不是知识产权限制的原因。在探讨利益平衡与知识产权限制的关系时，作者认为利益平衡是知识产权限制要实现的目的，是司法实践中解决利益冲突问题的基本方法，它亦不是知识产权限制的原因。作者认为把知识产权冲突看做是知识产权限制的主要原因更为合理。

探讨知识产权限制与公共利益的关系是本书的重点。这一部分论述了公共利益在知识产权限制制度中的地位，认为当个人利益与公共利益发生冲突时应当优先维护公共利益；本书在对公法与私法维护公共利益进行比较的基础上重点讲述知识产权法维护公共利益的特殊功能。作者还对主要维护公共利益的有代表性国家的知识产权限制制度进行了比较研究。

本书对我国现有知识产权限制制度的立法进行了系统梳理。从法律制度与法律部门关系的角度对我国知识产权限制制度体系进行探讨，认为我国知识产权限制制度体系是由宪法、刑法、民法、经济法等法律部门中的知识产权限制制度规定构成的一个有机联系的整体。

本书最后对完善我国知识产权限制制度的相关问题进行了探讨。这些问题包括知识产权限制制度的立法模式、知识产权限制制度的本国特色、知识产权限制制度中公共利益的概念、使用和限制等，以期为立法机关提供参考和借鉴。

Abstract

On the one hand, intellectual property right law should protect the interest of the possessors of intellectual property rights; on the other hand, it needs to protect the social public's usage of intellectual property rights' production to reduce the development of the society's science, culture and art. In order to realize the double aims, intellectual property right law affirms intellectual property rights' proprietary, in the meanwhile, it also prescribes the limitation of intellectual property rights' proprietary in order to balance the individual interest and social public interest. Social public in terest is the main motivation and aim of limiting intellectual property rights' right. The relation between the limitation of intellectual pro perty rights and social public interest is an important basal theoretical problem, it has very significant meaning for realizing value goal of intellectual property right law.

This dissertation discusses firstly the basal theoretical problem of intellectual property rights' restriction from knowing intellectual property rights' right attribute. The dissertation doesn't assent the parlance that intellectual property rights belong to or become public right, thinks that intellectual property rights in nature are private right with stronger public interest nature. Just for its stronger public interest nature, restricting intellectual property rights is necessary. By comparing intrinsic and outside theory, the dissertation offers that intellectual property rights' restriction should adopt mixed limitation theory that takes mainly intrinsic theory and gives attention to outside theory, synchronously dissertates the basal character of intellectual property rights' restriction.

This dissertation analyses the cause of intellectual property rights' restriction. By analyzing and comparing some tightly correlative categories such as intellectual property rights' abuse, intellectual property rights' interest balance, intellectual property rights' conflict, it thinks that intellectual property rights' abuse is a kind of special intellectual property rights' infringing action, infringing action's result demands infringer to bear relevant legal responsibility, about intellectual property rights' abuse, exists only regulation (defend and crack down on) problem and no limitation problem, therefore it isn't the reason of intellectual property rights' restriction. On discussing the relationship between interest balance and intellectual property rights' restriction, this dissertation thinks interest balance is the goal of intellectual property rights' restriction, is the basic method to resolve interest conflict problem in judicial practice, it also isn't the reason of intellectual property rights' restriction. This dissertation thinks that intellectual property rights' conflict is looked upon the main reason of intellectual property rights' restriction more rationally.

Discussing the relation between intellectual property rights' restriction and interest balance is the important content of the thesis. On this part, the dissertation dissertates public interest's status in intellectual property rights' restriction system, thinks when individual interest and public interest conflicts, public interest priority. Basing on comparing public law and private law's protection of public interest, the dissertation show the special function of intellectual property right law of protecting public interest, and discusses idiographic intellectual property rights' restriction systems in different countries that protect public interest.

This dissertation coordinates existing Chinese legislation of intellectual property rights' restriction systems, and probe into system structure of intellectual property rights' restriction systems, thinks it is consisted of a relational integer of intellectual property rights' restriction systems' provisions in constitution law, criminal law, civil law, economic law legal branches.

Finally, the dissertation discusses the interrelated problems to construct and consummate Chinese intellectual property rights' restriction system. These problems include: the legislation model, homeland characteristic of intellectual property rights' restriction system, the concept usage of public interest and public interest' limitation in intellectual property rights' restriction system and so on, expecting to offer reference and use for legislation departments.

目　录

第一章　绪论 …………………………………………… (1)
第一节　研究的目的和意义 ………………………… (1)
一、研究目的 …………………………………………… (1)
二、研究意义 …………………………………………… (2)
第二节　国内外研究现状述评 ……………………… (5)
一、知识产权限制的基础理论方面 ………………… (8)
二、知识产权限制的原因方面 ……………………… (20)
三、知识产权限制与公共利益的关系方面 ………… (23)
四、网络时代知识产权限制制度的新问题方面 ……………………………………… (30)
第三节　本书的创新点 ……………………………… (36)
第四节　本书的结构与研究方法 …………………… (39)
一、本书的主要内容和结构 ………………………… (39)
二、本书的研究方法 ………………………………… (40)
第二章　知识产权限制的基础理论 ………………… (41)
第一节　知识产权的权利属性认识 ………………… (41)
一、公权、私权概念辨析 …………………………… (42)
二、公法、私法的划分对知识产权属性的影响 …………………………………………… (45)
三、知识产权是具有较强公共利益属性的私权利 ………………………………………… (49)

第二节　知识产权限制的理论依据 …………………（54）
一、权利限制的内在理论和外在理论 ………………（54）
二、知识产权的混合限制理论 ……………………（60）
第三节　知识产权限制的基本特征 …………………（69）
一、知识产权限制主要属法定限制，但也允许意定的权利限制存在 ……………………………（71）
二、知识产权限制一般是指知识产权中的经济权利的限制，但也包括精神权利的限制 …………（73）
三、知识产权限制可分为一般情形下的权利限制和紧急情况下的权利限制 ……………………（74）
四、知识产权限制对知识产权人而言是一种利益制约，而对知识产品的使用人而言则是一种法定利益 ………………………………………（75）
五、知识产权限制是知识产权法的组成部分，对知识产权限制的反限制属知识产权限制的内容 ……………………………………………（75）
第四节　本章小结 ……………………………………（77）
第三章　知识产权限制的原因分析 …………………（79）
第一节　知识产权限制与权利滥用 …………………（79）
一、知识产权滥用行为的性质 ……………………（79）
二、知识产权滥用的禁止与规制 …………………（81）
三、知识产权滥用与限制的关系 …………………（86）
第二节　知识产权限制与利益平衡 …………………（89）
一、知识产权利益平衡理论 ………………………（89）
二、知识产权限制与利益平衡的关系 ……………（93）
三、对知识产权利益平衡理论的思考 ……………（97）

第三节　知识产权限制与权利冲突 …………………（101）
一、权利冲突的一般理论 ……………………（101）
二、知识产权的权利冲突 ……………………（105）
三、权利冲突是知识产权限制的原因 ………（107）
第四节　本章小结 ………………………………（111）
第四章　知识产权限制与公共利益的关系 …………（113）
第一节　公共利益在知识产权限制制度中的地位 ………………………………（113）
一、公共利益概说 ……………………………（113）
二、知识产权限制制度中的公共利益优位原则 ……………………………………（118）
三、实现公共利益是知识产权限制制度的重要目的 ……………………………（123）
第二节　知识产权限制制度维护公共利益的功能 ……………………………（125）
一、传统公法、私法部门与公共利益的关系 ……………………………………（125）
二、私权社会中的公共利益 …………………（128）
三、公法、私法维护公共利益的不同点 ………（131）
第三节　维护公共利益的知识产权限制制度的类别 ………………………………（135）
一、知识产权的合理使用制度 ………………（135）
二、知识产权的法定许可使用制度 …………（136）
三、知识产权的强制许可使用制度 …………（137）
四、知识产权的权利穷竭制度 ………………（139）
第四节　本章小结 ………………………………（140）

第五章　各主要国家知识产权限制制度比较 …………（142）
第一节　著作权限制制度比较 ……………………（142）
一、著作权合理使用制度 ……………………（142）
二、著作权法定许可使用制度 …………………（147）
三、著作权强制许可使用制度 …………………（150）
四、著作权权利穷竭制度 ……………………（153）
第二节　专利权限制制度比较 ……………………（154）
一、专利强制许可制度……………………………（154）
二、专利权穷竭制度………………………………（159）
三、先用权制度……………………………………（159）
四、专利权合理使用制度 ……………………（162）
第三节　商标权限制制度比较 ……………………（164）
一、商标权合理使用制度 ……………………（164）
二、商标先用权制度………………………………（165）
三、商标权穷竭制度………………………………（168）
第四节　本章小结 ………………………………（170）
第六章　从公共利益角度论我国知识产权限制制度的完善 ……………………………………（171）
第一节　我国知识产权限制制度的立法现状 ………（171）
一、我国著作权限制制度 ……………………（171）
二、我国专利权限制制度 ……………………（175）
三、我国商标权限制制度 ……………………（181）
第二节　我国知识产权限制制度体系的构成 ………（182）
一、知识产权限制制度与宪法 …………………（184）
二、知识产权限制制度与刑法 …………………（185）
三、知识产权限制制度与民法 …………………（186）

四、知识产权限制制度与经济法 ……………… (188)
第三节　完善我国知识产权限制制度应注意的几个问题 …………………………… (190)
一、主体知识产权限制制度的立法模式问题 …… (190)
二、知识产权限制制度的本国特色问题 ………… (194)
三、知识产权限制制度中公共利益概念的使用问题 …………………………… (200)
四、对知识产权限制制度中公共利益的限制问题 ………………………………… (203)
第四节　本章小结 ………………………………… (209)
第七章　研究结论与展望 ………………………… (211)
第一节　研究结论 ………………………………… (211)
第二节　研究展望 ………………………………… (214)
主要参考文献 …………………………………… (216)
跋 ………………………………………………… (231)

第一章　绪　论

第一节　研究的目的和意义

一、研究目的

自加入世界贸易组织以来，为了与国际社会的知识产品贸易保护接轨，我国对于知识产权的保护力度不断加强。继2004年11月最高人民法院、最高人民检察院通过《最高人民法院、最高人民检察院关于办理侵犯知识产权刑事案件具体应用法律若干问题的解释》后，2007年4月又通过了《最高人民法院、最高人民检察院关于办理侵犯知识产权刑事案件具体应用法律若干问题的解释（二）》。前一个司法解释最突出的特点体现在降低了假冒注册商标罪、销售假冒注册商标的商品罪、非法制造销售非法制造的注册商标标识罪和侵犯著作权罪的定罪量刑数额标准，同时降低了单位犯罪的非法经营数额。而后一个最新司法解释将侵犯著作权罪的标准进一步具体化，并对侵犯知识产权犯罪行为的定罪量刑问题作了具体规定。从这两个司法解释的相关内容中可以看出国家对于知识产权保护的关注。

知识产权基础理论研究在整个知识产权理论研究中占有非常重要的地位，我国在这方面的研究相对薄弱。如何完善知识产权法律制度，使其既能保护知识产权人的合法权利，又能激励促进知识的创新，让公众获得更多的利益是知识产权理论研究的一个重要课题。知识产权保护的理论研究一直是热点，但知识产权限制的理论研究尚不足以与其重要程度相匹配。我国近年来的知识产权立法在强调知识产权保护的同时亦将知识产权限制制度放在一个极其重要的位置，尤其是2004年我国宪法进行了第四次修正，法学界包括知识产权学界对于公共利益的关注日益强烈。虽然公共利益与知识产权的关系问题已逐步成为知识产权理论研究的热点，但有关公共利益与知识产权限制的关系问题的研究却比较少见。这也就成为笔者选择以《公共利益论域中的知识产权限制》作为论题的来源和目的。

二、研究意义

（一）理论意义

关于本书的理论意义，笔者认为主要可以归纳为以下几个方面：（1）公共利益一直是公法领域探讨得比较多的话题，而在私法领域对于公共利益的探讨近年来虽然逐渐多起来，但还不是很系统，缺乏深度。因而探讨私法对于公共利益的维护，特别是知识产权法对于公共利益的维护具有较强的理论意义。（2）知识产权限制基础理论的研究从目前研究现状来看比较薄弱。笔者通过对知识产权的公共利益属性进行探讨，对知识产权限制的理论依据作出比较全面的分析，同时厘清知识产权限制与知识产权滥用、知识产权利益平衡、知识产权权利冲突的关系，并深入探讨公共利益与知识产权限制制度的关系，相信这些探讨会对充实知识产权限制理论有所裨益。（3）随着新技术的发展和各国经济与贸易往来的加强，传统知识产权制度将会受到许多冲击，知识产权人权利的扩张与公共利益之间、发达国家知识霸权与发展中国家传统的知识产权权利限制制度之间的冲突将更加明显。笔者试图从公共利益角度来探讨我国知识产权限制制度的构建和完善问题，亦具有较强的理论意义。

（二）现实意义

知识产权的保护在我国处于一个非常重要的地位。在立法方面，1984 年 3 月新中国第一部《中华人民共和国专利法》诞生（以下简称《专利法》)，该法于 1992 年 9 月和 2000 年 8 月做了两次修正。目前，根据我国自身发展需要，《专利法》第三次修改已正式提到了议事日程上。《中华人民共和国著作权法》（以下简称《著作权法》）于 1990 年 9 月通过，它对于保护著作权人的利益，促进我国科学、文化和技术的发展发挥了非常重要的作用。为加入世界贸易组织作准备，2001 年 10 月通过了《著作权法修正案》。《中华人民共和国商标法》（以下简称《商标法》）在 1982 年 8 月通过，并于 1983 年 3 月 1 日实施。这不仅在我国商标法制建设上具有里程碑的意义，而且对我国整个知识产权制度建设也具有重大意义，因为它是建国后我国颁布的第一部知识产权法律。1993 年 2 月对《商标法》进行了第 1 次修正，2001 年 10 月通过了《商标法》的第 2 次修正案。我国不仅在短短十几年内走完了发达国家上百年才完成的立法路程，建立了包括著作权法、专利法、商标法等在内的知识产权法律体系，而且保护知识产权的力度也不断加大，但其中的知识产权限制的规定却难以与之匹配。在行政执法方面，行政机关亦加大了依法行政保护知识产权的力度。2006 年知识产权领域发生的比较大的事件是2006年11月国家版权局公布了《卡拉OK经营行业版权使用费标准》。虽然国家版权局一再强调这不是行政收费，但由于相关的收费标准认定、费用分配、程序保障等问题不明确，使得卡拉OK经营行业认为这种收费不合理，而著作权人亦认为他们的权利没有得到切实的保障。一方面，国家立法机关加大立法力度完善著作权相关法律法规，司法机关加大司法审判力度，行政机关加大依法行政力度维护正常的知识产品交易市场秩序，维护、促进和保障公共利益。但另一方面，由于相关的实体问题和程序问题尚有不完善之处，使得公共利益有被滥用的可能。这使得本选题具有很大的现实意义。与此同时，随着新技术时代的来临，传统意义的知识产权制度受到许多冲击已是不争的事实。知识产权人权利的扩张与传统的知识产权权利限制制度之间的冲突亦变得激化。2006年胡戈所发表的网络作品《一个馒头引发的血案》是否构成侵权作品就引起了包括法学界在内的整个社会的广泛关注。如何完善知识产权限制制度从很大程度上增强了本书的现实意义。近年来，尤其是2004年我国宪法进行了第四次修正后，法学界对于公共利益的关注日益强烈。个人利益与公共利益在有些情况下并不是一致的，两者会发生冲突。这些冲突或是表现为个人认为其利益受到行使公权力的国家机关的侵害，或是表现为公权力机关出于维护公共利益的需要而牺牲某些个人利益时可能会遭受到的来自个人的反对。知识产权是一项民事权利、是私权，它首先表现为一种个人利益，但它亦具有较强公共利益属性，正确处理个人利益和公共利益的关系也令本选题具有积极的现实意义。

第二节　国内外研究现状述评

近年来，知识产权限制问题已成为知识产权学界较为热门的话题，但对于什么是知识产权限制，国内知识产权学界存在不同的看法。郑成思认为，知识产权限制是指有的行为本应属于侵犯知识产权人权利的行为，但由于法律把这部分行为作为侵权的例外，从而不再属于侵权。知识产权的地域限制、保护期限制，都可以属于知识产权的限制❶。与此相类似，有的学者在论述知识产权限制时将其分为保护范围的限制、保护期限的限制、地域限制及权能限制❷。但也有学者对上述定义和分类提出异议，认为知识产权限制不应包括保护范围客体的划定和时间限制、地域限制。❸ 除对于知识产权限制概念的内涵和外延进行探讨外，国内学界对于知识产权限制的基础理论研究也开始重视和关注。郑成思对将知识产权限制的原理运用到物权法中的可能性进行了探讨；❹ 吴汉东等对无形财产权均衡机制的构建和无形财产权的限制作了相应探讨；❺ 冯晓青对知识产权几种具体的权利限制制度，如权利

❶ 郑成思主编：《知识产权法》，法律出版社1997年版，第425~427页。

❷ 李玉香："知识产权权利限制制度的法律完善"，载《人民司法》2004年第6期。

❸ 袁秀挺、郭芬："知识产权的法律限制体系"，载《电子知识产权》2003年第10期。

❹ 郑成思："私权、知识产权与物权的权利限制"，载《法学》2004年第9期。

❺ 吴汉东、胡开忠：《无形财产权制度研究》，法律出版社2001年版，第95~133页。

穷竭和合理使用等进行了研究。[1] 除此以外，也有一些学者对于专利强制许可、知识产权的竞争法或反垄断法规制、知识产权权利穷竭以及与此相关的平行进口问题分别进行了研究。杨为国等对专利强制许可制度进行了研究；[2] 王先林对知识产权与反垄断法的关系进行了研究；[3] 余翔对专利权权利穷竭和平行进口问题进行了研究。[4] 但是，目前对知识产权限制的大部分研究仍然局限于具体制度，缺乏从整体上、从理论依据上对知识产权限制进行深入研究。同时，从公共利益角度对知识产权限制进行系统研究的文献更加缺乏。

国外文献通常从某一方面，如专利权、商标权、版权角度对知识产权限制进行研究。在专利权限制方面，有较多文献分别对于专利权限制的某一方面进行了研究。海格林（Ted Hagelin）对于科学实验例外进行了系统研究，并指出其对于专利制度的重要性；[5] 阿格那姆（Obijiofor Aginam）研究了公共健康与药品专利保护之间的矛盾，称之为“生命和利润”之争；[6] 世界卫生组织对于 WTO 有关协定尤其是专利权限制

---

[1] 冯晓青：“论知识产权的若干限制”，载《中国人民大学学报》2004 年第 1 期。

[2] 杨为国、马荣：“对强制许可制度与观念的协调研究”，载《科研管理》2001 年第 3 期。

[3] 王先林：《知识产权与反垄断法：知识产权滥用的反垄断问题研究》，法律出版社 2001 年版。

[4] 余翔：“法无定法——美国专利权穷竭与产品平行进口立法及判例分析”，载《国际贸易》2000 年第 12 期。

[5] Ted Hagelin. The Experimental Use Exemption to Patent Infringement: Information on Ice, *Competition on Hold*. 58 Fla. L. Rev, 2006: 483.

[6] Obijiofor Aginam. Between Life and Profit: Global Governance and the Trilogy of Human Rights, *Public Health and Pharmaceutical Patents*. 31 N. C. J. Int'l L. & Com. Reg, 2006: 901.

和公共健康问题表达了自己的观点。[1] 在商标权限制方面，欧共体农产品及食品商标和地理标志保护案的专家组报告分析了 TRIPs 协议第 17 条。[2] 在著作权限制方面，戈尔茨坦（Paul Goldstein）在其《国际版权：原则、法律和实践》一书中对于版权限制包括合理使用、法定许可、强制许可和权利穷竭也进行了一定的研究。[3] 在国外，还有一些文献专门对知识产权与竞争法的关系、权利穷竭和平行进口进行了研究。阿博特（Frederick M. Abbott）等对于全球技术一体化条件下的知识产权与竞争法的关系进行了研究；[4] 巴塞斯达（Joseph J. Basista）等对美国法律中的知识产权穷竭和平行进口问题进行了研究。[5] 芬克（Carsten Fink）等从市场结构、贸易和投资等综合角度对于平行进口的影响进行了研究。[6] 从总体上看，国外文献研究知识产权限制的视角与国内文献相比更加开阔，但也缺乏对知识产权限制与社会公共利益问题相对专门和系统的研究。

---

[1] World Health Organization, WTO Agreements and Public Health, World Health Organization. 2002.

[2] European Communities – Protection of Trademarks and Geographical Indications for Agricultural Products and Foodstuffs. Repot of the Panel. WT/DS174/R

[3] Paul Goldstein. *International Copyright: Principles, Law, and Practice.* New York: Oxford University Press, 2001.

[4] Frederick M, Abbott & David J. Gerber. Public Policy and Global Technological Integration. *Kluwer Law International*, 1997.

[5] Joseph J. Basista, Lynda J. Zadra – Symes. Using U. S. Intellectual Property Rights to Prevent Parallel Imports. E. I. P. R, 1998, 20 (6): 219 ~ 225.

[6] Carsten. Fink (Editor). Intellectual Property Protection: Effects on Market Structure, *Trade and Foreign Direct Investment.* World Bank Publications, 2004.

一、知识产权限制的基础理论方面

关于知识产权的权利属性问题，知识产权学者大多认为知识产权是一种民事权利，是私权。刘春田认为："根据我国《民法通则》的规定，知识产权属于民事权利，是基于创造性智力成果和工商业标志依法产生的权利的统称。"❶ 王利明等认为："根据我国《民法通则》第五章的规定，所有权、债权属于财产权的范畴，民事主体的身份权和人格权属于人身权范畴，知识产权则兼具有人身权和财产权的双重性。"❷ 郑成思指出："知识产权本质上是一种特定主体所专有的财产权，这在多数国家的法律中很久以来就得到承认，我国则是从 1979 年以后，方承认它的私权性质。"❸ 吴汉东强调："权利本体的私权性是将知识产权归类于民事权利范畴的基本依据。"❹ 青年学者金海军博士专门为知识产权的权利属性问题著书立说，他的专著《知识产权私权论》❺ 的中心观点是：知识产权在近代社会的产生是社会结构变迁的结果，并随着社会结构的功能耦合状况而发挥作用，才能产生其作为财产权的激励效果。因此，尊重知识产权的私权本性，让其在一个适合私权发展的社会结构中发挥作用，是社会进步的正确

❶ 刘春田主编：《知识产权法》，中国人民大学出版社 2002 年版，第 6 页。

❷ 王利明等：《民法新论》，中国政法大学出版社 1998 年版，第 449 页。

❸ 郑成思主编：《WTO 知识产权协议逐条讲解》，中国方正出版社 2001 年版，第 3 页。

❹ 吴汉东等：《知识产权基本问题研究》，中国人民大学出版社 2005 年版，第 8 页。

❺ 该书是金海军在其博士学位论文《作为民事权利的知识产权——历史考察与制度分析》的基础上修改增益而成，作为中国人民大学法律科学文库书目之一由中国人民大学出版社 2004 年出版。

方向。当然在知识产权法学理论上，也存在着对知识产权性质认识不一的情况。在一些较早的知识产权法学教材中就曾有学者提出过有关知识产权（法）归属的争论。之所以对知识产权的民事权利性质提出异议，理由是：在知识产权法律规定中存在刑事责任的规定，人民法院在民事法庭以外设置有专门的知识产权法庭等。知识产权属性问题也是近年来知识产权学界研究的热点。有学者认为："在现代市场经济和法治社会条件下，知识产权制度的发展已经越来越多地突破传统的私法领域，其'个性化'表现愈来愈突出，而这明显地表现为国家或政府不断强化对知识产权制度的公权力干预，我们将之归结为知识产权制度的公权性质。"[1] 另有学者认为："在当代，知识产权的私权性并没有变化，但国家介入因素在增强。换言之，知识产权的公权化因素在增强。知识产权私权的公权化表明知识产权已经不是一种纯粹的私权，而是一种具有公权因素的私权，表现出公权化和社会化的趋向。"[2]

在国外，关于知识产权应当属于什么性质的权利，或者知识产权法应当归属于何类法律，也存在不同意见。[3] 其中既有历史上就存在的有关知识产权理论争议，也有因时代变化

---

[1] 李永明、吕益林："论知识产权之公权性质——对'知识产权属于私权'的补充"，载《浙江大学学报（人文社会科学版）》2004 年第 4 期。

[2] 冯晓青：《知识产权法利益平衡理论》，中国政法大学出版社 2006 年版，第 304 页。

[3] See Antoon Quaedvlieg, Copyright's Orbit round Private, Commericial and Economic Law – The Copyright System and the Place of the User, 29 IIC 420 (1988); Peter Drahos, *A Philosophy of Intellectual Property*; Darthmouth Publishing Company Ltd., 1996.

而试图提出的新观点。

本书不赞成知识产权学界一些学者的知识产权公权性质或公权化的提法，因为公权性质或公权化提法容易让人产生知识产权正在从私权利向公权力转变的看法，而事实上私权利与公权力有明显的区别。知识产权本质上是一种私权利，只是与一般的私权利相比，知识产权具有较强的公共利益属性，是一种具有较强公共利益属性的私权利。也正因如此，知识产权限制才成为必要，知识产权限制的基础理论问题才要涉及知识产权权利属性的探讨。本书认为，知识产权的私权本质和公共利益属性，是一个需要加以反复论证的命题。认清知识产权的权利属性，是建立和完善我国知识产权限制制度的前提。

关于知识产权限制的理论依据问题，首先应从权利限制的理论中去寻找。权利限制的理论有内在限制理论和外在限制理论，德国学者科恩（Friedrich Kein）认为，权利是一种先于国家、法律而存在的固有事物。由此固有本性反映出的权利范围就是权利边界，国家法律可以在权利外部设置限制。[1]权利限制意味着存在两个事物：权利和限制。所谓权利是指本义上的权利，这项权利是没有限制的，接着存在一个经限制后而存在的权利，这个权利可被称为受限制后的权利。在外在理论看来，尽管一般意义上，权利是应该受限制的，但权利本身完全可以以无限制的状态而存在，限制与权利并无必然联系，只有当要求某个人的权利与其他人的权利或者

---

[1] 张平华："私法视野里的权利限制"，载《烟台大学学报（哲学社会科学版）》2006 年第 7 期。

公共利益和谐相处时，这种联系才凸显出来。[1] 显然，这是持外在限制观点的学者。而国外持内在限制观点的学者则不承认先于法律而存在的权利，认为法律规制就是权利边界的基础。权利依法仅享有一个确定的、惟一的内容，权利限制是确定权利的外延或者内容的方法，故而权利必内含限制。[2] 他们认为，个人财富与社会财富得以辩证统一，私人财产必须同时满足个人与公共的目的。[3]

在国外，知识产权效益主义理论、知识产权劳动理论、知识产权人格理论、知识产权社会规划理论是4种较有代表性的知识产权理论，这4种理论亦体现他们对知识产权限制的态度。(1) 知识产权效益主义（utilitarian）理论。这种理论认为立法者在设计财产权利时应以社会福利的最大化为目标。在知识产权领域贯彻这一目标，便要求立法者在以排他性权利之力激励发明与艺术作品创造的同时，对这种权利限制公众享用那些创造物的倾向予以控制，并力求在二者之间实现一种最佳平衡。威廉·兰德思（William Landes）和里查德·波斯纳（Richard Posner）关于版权法的论述便是循着上述思路而展开的。兰德思和波斯纳认为，多数知识产品的突出特征在于它们容易被复制和能为多人同时使用。两大特征相互结合便产生一种危险，使这些知识产品的创造者可能无法收回其“表达成本”，因为盗版者只需花费较低的“生产

---

[1] Robert Alexy. *A Theory of Constitutional Rights*. Oxford University Press, 2002. pp. 178 ~ 179.

[2] ［法］盖斯旦、古博著，陈鹏等译：《法国民法总论》，法律出版社2000年版，第705页。

[3] Lametti. The Concept of Property: Relations through objects of social wealth. *University of Toronto Law Journal* (*Fall*), 2003.

成本”就能以低廉的价格为消费者提供同样的产品。创造者明了此种危险，就会打消生产具有社会价值产品的念头。然而，通过赋予创造者在一定期间内生产其创造物的排他性权利，我们就能避免上述经济上无效率的结果。兰德思和波斯纳还认为，所有可用来弥补创造人成本的其他替代性方法由于这样或那样的原因，都将造成社会资源的更大浪费。他们进而认为，效益主义应当是——在很大程度上也已经是——构造这一领域具体规则的理论。❶（2）知识产权劳动理论。这一理论展开的思路是：人们劳作于无主的或“公有”的资源，则对其劳动成果享有自然的财产权利——而且，政府有义务尊重和实现这一权利。这些源于约翰·洛克（John Locke）的思想被广泛认为特别适用于知识产权领域，因为这一领域中有关的原始材料在某种意义上似乎是“公有”的，而且，劳动似乎也对知识产品的价值贡献甚巨。❷罗伯持·诺齐克（Robert Nozick）在《无政府主义、国家和乌托邦》一书中关于专利法简要且颇有影响力的论述便足以说明上述观点。❸在表明其与洛克思想的联系后，诺齐克将其注意力转向洛克所提出的著名而模糊的“限制性条件”——人们将其劳动与公有的资源相结合便能取得财产权利的合法性在于，仍

---

❶ William Landes and Richard Posner. An Economic Analysis of Copyright Law. *Jou nal of Legal Studies*, 1989 (18): 325.

❷ Jusin Hughes. The Philosophy of Intellectual Property. *Georgetown Law Journal*, 1988 (77): 287, 299 ~ 330.

❸ Robert Nozick. *Anarchy*, *State and Utopia*. New York: Basic Books, 1974: 178 ~ 182.

有足够多的同样好的资源留给了他人公有。[1] 诺齐克认为对这一条件的正确解释是，通过劳动而取得产权的正当性在于他人并未因此受到损害。（3）知识产权人格理论。这种理论的前提性假设是从康德和黑格尔的著述中泛泛地引申而来的，它认为私有财产权利是某些人类基本需要得以满足的关键；因而政策的制定者应努力创设和分配对资源的权利以最大限度实现人们的需要。基于这一立场，知识产权存在的合理性在于保护那些体现作家或艺术家“意志”的作品不被侵占或篡改，或者在于造就有助于创造性智力得以发挥的社会经济条件，从而有益于人类生活的繁荣。查斯丁·休思（Justin Hughes）从黑格尔的《法哲学》中推论出一系列原则用以指导知识产权制度的正确设计，可以说是上述这种观点的最充分展开：一是相对于那些较低表达力的智力活动成果（如基因）而言，我们应当更倾向于对那些具有高度表达力的智力活动成果（如小说等）予以法律保护。二是由于个人“外部形象”——即其“公开形象，包括其身体形貌、个人格调和生活历史等”——是其“人格的重要载体”，从而应当受到法律的宽大保护，尽管它一般并不源于劳动。三是作者和发明者应当被允许出售或传播其作品的复制品而从公众那里获取尊重、荣誉、羡慕和金钱，但是禁止其放弃阻止他人歪曲作品或篡改其身份的权利。[2] （4）知识产权社会规划理论。这种思路奠基于下面这一假设，即一般的财产权利——和特殊的知识产权——的安排，能够并且应当以有助于培育和实

---

[1] John Locke. *Two Treatises of Government*. Cambridge: Cambridge University press, Second Treatise, sec. 1970: 27.

[2] Hughes. Philosophy of Intellectual Property. 330 ~ 350.

现一种公正的和令人向往的文化为目标。持此观点的学者大多从那些折中的政治和法律理论家那里获取灵感，他们包括杰斐逊、早期的马克思、法律实证主义者和古典共和主义（古代的和现代的）的拥护者。❶ 这种思路在目的论的定位上与效益主义很相似，但它更倾向使用的可欲社会（adesirable society）的观念较之于效益主义使用的“社会福利”（social welfare）概念在内涵上更为丰富。内尔·内塔拉尔（Neil Netanel）的近文《版权与民主的公民社会》颇具煽动力地阐述了上述观点。内塔拉尔认为，版权法应当按下列要求加以改善：版权的期限应当缩短，以扩大能为他人创造性地使用的“公有领域”的范围；基于同样的理由，应当减少作者在控制他人准备创作其“演绎作品”方面的权利；最后，应当经常运用强制许可制度以保持艺术家和其作品的“消费者”之间的利益平衡。❷

国外关于知识产权限制学说的研究体现出来，大致有主张削弱知识产权限制和主张强化知识产权限制两类，笔者以为上面的4种知识产权理论中的知识产权劳动理论、知识产权人格理论可归并到知识产权独占主义学说里；而知识产权效益主义理论、知识产权社会规划理论皆可归并到知识产权工具主义学说当中。（1）知识产权独占主义学说。知识产权独占主义学说是一种主张削弱知识产权限制，强化知识产权

❶ Thomas Jefferson. *Notes on the State of Virginia*. New York: Norton, 1972; Karl Marx. *Economic and Philosophic Manuscripts of* 1844. New York: International Publishers, 1694

❷ Copyright and a Democratic Civil Society. *Yale Law Journal*, 1996 (106): 283.

保护的学说。Peter Drahos 认为，独占主义的主要特点是将财产权置于一种基础的牢固地位，财产权被赋予其他权利和利益之上的优先权地位。并且从意识形态的角度来说，独占主义更是一种信条和态度，它使财产所有者对财产趋向于财产的本原主义，它使财产利益不断地获得了一种道德上的至高无上。在独占主义者看来，对引起经济价值的活动有必要创制财产权并且在此种活动实现目标上世界上任何事物没有限制。Peter Drahos 认为，我们很难找到独占主义的极力主张者，以洛克为代表的自然权利学说充其量也只能算是一个弱概念上的独占主义学说。Peter Drahos 的核心观点是：独占主义已经渗透到知识产权法和政策的发展与方向。尽管在知识产权司法实践中，一些法院不接受独占主义信念，但在知识产权发生的范围内，独占主义仍获得了司法和理念上的优势，反对独占主义的呼声并没有阻挡独占主义的潮流。尽管各国知识产权法立法者都不愿意将本国的知识产权法搞成是只强调知识产权权利人权益的独占主义法律，但在国际知识产权制度层面，独占主义思想的渗透却比较明显。这方面，Peter Drahos 从英美国家有关知识产权立法和诉讼保护方面为独占主义提供了一些例证。[1] 国际知识产权制度上的独占主义思想的主要特点是少数发达国家（特别是美国）力图将与自己科技、经济、文化水平相应的高水平知识产权保护通过缔结国际公约的手段强制推行到发展中国家乃至全球。从一定意义上讲，世界贸易组织《与贸易有关的知识产权协议》（TRIPs

[1] Peter Drahos. . *A philosophy of Intellectual Property*. Dartmouth publishing company limited，1996：200～222.

协议）的达成，就是个典型的例证。它是发达国家知识产权制度战略和对外贸易政策的结果。美国1988年修订的《综合贸易与竞争法》的通过，使知识产权保护成为美国贸易政策的核心问题之一，为保护美国的知识产品创造了相当有利的条件。（2）知识产权工具主义学说。Peter Drahos在其代表作《知识产权哲学》一书中提出了知识产权法的工具主义思想。这是一种反对知识产权独占主义，主张以知识产权的工具主义为指导的学说。“我们的核心观点是，通过制定知识产权法而创设的权利是工具主义的权利。在理想中的民主主权条件下，这类权利应当服从于市民通过基本的人权语言所认同的利益和需求。”❶ 该学说提倡对知识产权加以限制，认为在知识产权特权上附加各种限制性的义务，是为了最大限度实现设立这一特权的初衷，并平衡个人利益的保护和公共利益的维护。但是在如何限制以及作何种限制的问题上并没有明确提出相适应的对策。

在权利限制理论的问题上，我国有学者通过回顾20世纪以来的立法和判例学说，认为对权利的限制有内部限制和外部限制两种。所谓内部限制，以德国魏玛宪法第153条规定的“所有权负有义务”为滥觞，认为权利本身包含义务，权利应为社会目的而行使。所谓外部限制，是在承认并保障权利的不可侵犯性、权利行使的自由性的前提下，以公法的措施适当限制权利的不可侵犯性，以民法上的诚实信用原则、权利滥用之禁止原则及公序良俗原则限制权利行使之自由

❶ Peter Drahos. *A philosophy of Intellectual Property*. Dartmouth publishing company limited, 1996: pp. 200 ~ 222.

性。[1] 对于权利限制的内部限制和外部限制两种方式，梁慧星认为，内部限制混淆了权利与义务的界限，最后发展为对个人利益和个人权利的彻底否定。学说上提倡对权利的内部限制，目的在于实践公益优先的原则，必要时牺牲个人利益以维护社会公益。但社会公益有真伪之别，所谓内部限制很容易成为借社会公益之名以剥夺个人权利的理论依据。他认为，通过对权利的外部限制，可以较好地协调个人利益与社会利益，这是现今法治国家的通行做法。与此不同，公丕祥认为，在社会人类学主体性意义上，权利的限制的问题应当更多地表现为内在的限制，而不应简单地归之于外在限制，并且“这种权利的内在限制，也不仅仅来自于处于一定生产方式内的权利受到自身赖以存在的生活条件的限制，而且也来自于社会主体自身的道德要求。”[2] 他论证说，对权利的限制往往同主体的社会责任感或义务感密切联系在一起。权利本身内在地包含着责任的要素。从社会哲学的意义上讲，责任反映了社会主体对自己在社会生活中所处的地位和所起的作用的认识。个人的社会责任，意味着个人必须用社会中占统治地位的规范来衡量自己的行为及后果，其本质意义在于个人对社会的一定义务的认识以及所认识的义务的完成。显然，如果不认真研究主体的责任问题，就不能深入理解主体的权利及其实现过程。

在知识产权领域，我国有学者把知识产权限制分为狭义的知识产权限制和广义的知识产权限制两类。狭义的知识产

---

[1] 梁慧星：《民法总论》，法律出版社2001年版，第286～287页。
[2] 公丕祥：“论权利的实现”，载《江苏社会科学》1991年第2期。

权限制即知识产权的内部限制，主要指知识产权法自身规范的限制，包括对权利内容和权利行使的限制；广义的知识产权限制是指除知识产权的内部限制外，还包含民法基本原则和竞争法对知识产权滥用的限制，后者属于外部限制，是对权利行使的限制。❶ 另有学者认为，从权利限制的具体方式和采用规则的角度，我们可以将知识产权限制分为内部限制和外部限制。当从部门法或学科的角度讨论问题时，按照某一学科领域的原则、规范、制度、方法等对权利进行的限制就是内部限制；在该学科之外的，概为外部限制。如此一来，由知识产权法自身规范进行的限制就是内部限制，而外部限制则以民法基本原则和反垄断法的限制为代表（广义上，外部限制尚包括来自其他公法部门及人权法等方面的限制）❷。

从上可以看出，我国学者在谈及知识产权限制问题时很少论及权利限制的理论依据问题，有时他们也谈内部限制和外部限制，但多是从权利限制的方式或类别的角度来谈的，与权利限制的内在理论和外在理论大相径庭。这正说明部门法理论与法学理论存在着不一致和脱节的情况。

知识产权限制，又称为知识产权的权利限制。对于知识产权限制的内涵和外延，学界存在不同的看法。有的学者认为，知识产权限制是指对知识产权人的专有权利行使的限制。它主要涉及知识产权在时间、效力和范围方面的限制，具体体现为知识产权有限的保护期、对知识产权本身行使的限制

---

❶ 冯晓青、杨利华等：《知识产权法热点问题研究》，中国人民公安大学出版社2004年版，第114~117页。

❷ 袁秀挺、郭芬："知识产权的法律限制体系"，载《电子知识产权》2003年第10期。

以及思想、原理本身不受保护等。[1] 与此相类似，有的学者在论述知识产权限制时将知识产权限制分为保护范围的限制、保护期限的限制、地域限制及权能限制。[2] 但也有学者对如此广义地界定知识产权限制有不同看法。郑成思认为，知识产权限制是指有的行为本应属于侵犯知识产权人权利的行为，但由于法律把这部分行为作为侵权的“例外”，从而不再属于侵权。在有些国家的法律中，把“权利限制”称为“专有权所控制的行为之例外”。[3] 知识产权地域效力的限制、保护期的限制都可以被认为属于知识产权限制，但是本来就不属于知识产权保护的那部分内容不应被认为是知识产权限制。[4] 按照这种理解，知识产权客体的有限性应当不属于知识产权限制。还有的学者认为，严格而言，知识产权的地域性和时间性确定的是知识产品获得保护的条件，只有在知识产权取得之后才有所谓“限制问题”。[5] 按照这种看法，知识产权的地域性、时间性和保护客体的有限性都不属于知识产权限制。

探讨知识产权限制的特征，大多是将其与有形财产权限制相比较进行的。有学者认为无形财产权限制的特征体现在以下三个方面：一是无形财产权的限制属于法定限制；二是无形财产权的限制对象仅涉及财产权利部分，不涉及人身权

---

❶ 冯晓青：“论知识产权的若干限制”，载《中国人民大学学报》2004 年第 1 期。

❷ 李玉香：“知识产权权利限制制度的法律完善”，载《人民司法》2004 年第 6 期。

❸ 郑成思：“私权、知识产权与物权的权利限制”，载《法学》2004 年第 9 期。

❹ 郑成思主编：《知识产权法》，法律出版社 1997 年版，第 425 ~ 427 页。

❺ 袁秀挺、郭芬：“知识产权的法律限制体系”，载《电子知识产权》2003 年第 10 期。

利方面；三是无形财产权的限制在制约知识产权人的利益的同时，对知识产品的使用人而言，则是一项法定的利益。[1] 还有学者认为知识产权限制具有自身特征：知识产权的权利限制一般是指知识产权中的财产权的限制，而不包括人身权的限制；知识产权的限制具有法定性；知识产权限制的有限性；知识产权的限制从知识产品的使用者的角度表现为对使用者的法定利益。[2] 这些特征的概括或多或少存在这样或那样的问题，笔者将试图作出更全面的概括和总结。

二、知识产权限制的原因方面

关于权利限制的原因，有学者认为权利限制的根据之一在于确保权利秩序。在社会中，权利是多元的，它表现为权利本身的广泛性和权利主体的多样性，而不同社会主体的权利往往又交织在一起，或许相互冲突，这就必然存在着权利的兼顾和均衡问题。为了协调各种权利，法律不得不对权利进行适当的限制。[3] 权利限制通过限制冲突中的权利，使多种权利得以和谐共处，而成为权利冲突的基本纠偏机制。[4] 权利冲突是产生权利限制的原因。有学者认为所有权社会化是知识产权权利限制的外在动因，利益平衡则是知识产权权利限

---

[1] 吴汉东、胡开忠：《无形财产权制度研究》，法律出版社 2001 年版，第 95～133 页。

[2] 国家知识产权局知识产权发展研究中心主编：《规制知识产权的权利行使》，知识产权出版社 2004 年版，第 129～230 页。

[3] 汪太贤："权利的代价——权利限制的根据、方式、宗旨和原则"，载《学习与探索》2000 年第 4 期。

[4] 张平华："私法视野里的权利限制"，载《烟台大学学报（哲学社会科学版）》2006 年第 7 期。

制的内在原理，[1] 私权与公益的平衡是知识产权限制产生的必然[2]。这是知识产权法学者从抽象的法哲学角度来论述的，认为利益平衡是产生知识产权限制的原因，尽管在知识产权研究中利益平衡究竟是产生知识产权限制的原因还是知识产权限制的目的是一个尚处于探讨中的问题。可以看出，对导致权利限制原因的探讨，在法学理论视野中，学者们往往认为权利冲突是产生权利限制的原因。

知识产权学界有一种看法认为，权利滥用是知识产权限制的原因。有学者认为，为防止知识产权的滥用，知识产权的行使就要受到一定的限制。对权利的限制有内部限制和外部限制两种，前者是来自于知识产权法自身规范的限制，后者则是来自于民法的基本原则的限制和主要作为公法的垄断法的限制。[3] 显然，该学者是从具体法律制度的角度来论述知识产权限制的原因，认为知识产权权利限制的原因是知识产权的滥用。由于知识产权从属于民事权利，在民法视野中，有学者认为对民事权利作出必要限制的理由之一在于维持民事主体之间的利益平衡，不得以加害他人为主要目的或以限制竞争为目的等方式滥用民事权利，不得滥用在市场上的优势地位。[4] 可见该学者认为权利限制的原因是民事权利可能会被滥用。由此可以看出在民法领域内，比较一致的观点是导致知识产权权利限制的原因包括权利滥用。但也有学者提出了

[1] 冯晓青、杨利华等：《知识产权法热点问题研究》，中国人民公安大学出版社2004年版，第114～117页。

[2] 吴汉东等：《知识产权基本问题研究》，中国人民大学出版社2005年版，第8页。

[3] 王先林："知识产权滥用及其法律规制"，载《法学》2004年第2期。

[4] 王利明：《民法总则研究》，中国人民大学出版社2003年版，第239页。

不同的看法，认为关于权利限制和权利滥用的关系，在许多情形下，学者们并不区分这二者，他们认为权利限制和禁止权利滥用是权利行使过程中的一个问题的两个方面。但该学者认为两者是有区别的，其共同点首先在于都对权利人行使权利造成了一定的障碍；其次，二者的原理和精神实质均在于扩大权利；再者，两者在历史渊源上是相通的，均源于古罗马法。两者的区别在于：首先权利限制往往作为一类具体制度出现，而禁止权利滥用则属于原则性的要求，具有“一般条款”的功能；其次，禁止权利滥用能导致对权利的限制，但对权利加以限制的原因却并不必然是为了防止权利滥用；第三，禁止权利滥用的后果可能是权利限制，但却不是惟一后果。❶另有学者认为权利滥用的效果之一是限制权利，权利人有条件行使权利而不行使，或不具备行使权利的条件，但也不允许他人行使该权利，在此情形下，为社会公共利益计，而限制权利人的权利。可见该学者认为权利限制是权利滥用导致的效果之一，但不是惟一的效果。权力滥用的效果还包括失权、行为无效及承担民事责任。❷

笔者认为，在探讨知识产权限制的原因时应该撇开利益平衡，在权利的范畴内进行具体思考，因为利益和权利是有区别的。法律并不创造利益，利益是客观存在的。法律只是承认或者拒绝承认某些特定利益是否需要或者是否以法律保护。法律承认与保护利益的主要方式是，规定一定的人或集

❶ 袁秀挺、郭芬：“知识产权的法律限制体系”，载《电子知识产权》2003年第10期。

❷ 钱玉林：“禁止权利滥用的法理分析”，载《现代法学》2002年第1期。

团享有法律上的权利。❶ 关于知识产权限制制度确立的原因，学界的研究并不明确具体，亦没有得出令人信服的结论。若从具体制度研究的角度来看，在知识产权领域中对知识产权限制的研究是一个相对独立的领域，但我们也时常可以看到知识产权领域中与其有关的其他内容的研究，如知识产权滥用和知识产权冲突等问题的研究。也许有人会认为知识产权限制、知识产权滥用和知识产权冲突是三个独立的并无直接联系的研究范畴，但通过对学界就该问题的研究现状进行梳理，笔者发现情况并非如此。当然部门法中任何问题的探究都应当从法学基础理论入手，所以同时必须厘清权利限制、权利滥用和权利冲突这三者关系。

在德沃金看来，在一个国家根据某种特定的理由取消或者限制权利之前，势必要问清楚这些限制性理由是否适当。而在所有理由当中，权利冲突是最为充分的理由，换言之，对权利施以限制的最重要理由就是为了避免权利冲突。❷ 因此，笔者认为，相对于权利滥用和利益平衡，把知识产权权利冲突看做是知识产权限制的主要原因更为合理。

三、知识产权限制与公共利益的关系方面

国外学者对公共利益概念的探讨很多，庞德根据耶林的学说把利益分为三类：个人利益、公共利益和社会利益。他进而认为社会利益是存在于社会生活中并为了维护社会的正常秩序和活动而提出的主张、要求和愿望。社会利益是最重

❶ 郭道晖：《法理学精义》，湖南人民出版社 2005 年版，第 207 页。

❷ Ronald Dworkin. *Taking Right Seriously*. Harvard University Press, 1978: 194

要的利益，它们可以分为6类：(1) 一般安全方面的社会利益；(2) 社会组织安全方面的利益；(3) 一般道德方面的社会利益；(4) 保护社会资源方面的社会利益；(5) 一般进步方面的社会利益；(6) 个人生活方面的社会利益❶。Neumann将公益分为主观的公益和客观的公益。主观的公益是基于文化关系之下，“一个不确定之多数（成员）”所涉及的利益。客观的公益是基于国家、社会所需要的重要之目的及目标。❷法是调整和保护某些特定利益的，公共利益是一个约定俗成的概念，在一些法学论文或著述中常被表述为“社会公共利益”、“公众利益”和“社会公益”等概念。有些学者不作区分，但有学者却主张采用“社会公共利益”概念。❸还有学者表现出对这种混用状态的担忧，认为较之“公共利益”和“社会利益”，“社会公共利益”虽是一种较为准确的定义，但仍未能充分表现利益的整合性，照顾作为整体的普遍利益，反而有可能异化为简单多数人的利益而侵害少数人利益。❹这反映了学界目前对“公共利益”概念使用的不统一。我国学界对于公共利益的研究真正热起，源于2004年修宪。我国《宪法》第13条第3款规定：国家为了公共利益的需要，可

---

❶ [美] 庞德著，沈宗灵、董世忠译：《通过法律的社会控制 法律的任务》，商务印书馆1984年版，第37页。

❷ 陈新民：《德国公法学基础理论》，山东人民出版社2001年版，第185页。

❸ 李昌麒、陈治属不作区分的学者，王保树则属主张采用社会公共利益概念的学者。见李昌麒、陈治：“经济法的社会利益考辨”，载《现代法学》2005年第5期；王保树：“论经济法的法益目标”，载《清华大学学报（哲学社会科学版）》2001年第5期。

❹ 蒋悟真、李晟：“社会整体利益的法律维度——经济法基石范畴解读”，载《法律科学》2005年第1期。

以依照法律规定对公民的私有财产实行征收或征用并给予补偿。由于该规定对于中国的宪政建设具有划时代的意义，所以在整个法学界，特别是在宪法和行政法学界引起了激烈的讨论。公共利益是一种较难准确定义的概念，因而有必要通过对它的内容和特征进行概括来理解。有学者认为公共利益概念的特征在于它内容的不确定性，这种内容的不确定性可以表现在其利益内容的不确定性及受益对象的不确定性方面。[1] 前者要解决的问题是公共利益究竟要包括哪些利益，后者要解决的问题是公众的范围如何确定，即利益和公共两个问题。考察众多学者对于利益内涵的见解，在这一点上可以达成一致——即利益是对主体与客体的关系的一种价值判断。利益的内容具有不确定性与多面性。[2] 笔者认为，公共利益是一个与个人利益、国家利益、社会利益密切相关的概念。理解这一概念，除了有必要通过对它的内容和特征进行概括来理解外，还应该将它与相关的利益范畴进行比较来理解。公共利益的最终受益者是个人，而个人利益的维护又体现了公共利益。这说明维护公共利益既是公法的追求目标，又是私法的追求目标。

公共利益作为利益的下位概念，笔者认为要探讨公共利益与知识产权限制的关系首先要弄清的问题是知识产权与利益平衡的关系。有学者认为中国“入世”3年后，“利益平衡”成为中国知识产权领域的一个新话题。在讲这个话题时，切不可混淆了作者与公众之间，作者与侵权人、盗版者之间

[1] 陈新民：《德国公法学基础理论》，山东人民出版社2001年版，第182页。

[2] 胡建淼：“公共利益的法理之维”，载《法学》2004年第10期。

这两种截然不同的关系。作者与公众之间确有利益平衡问题。[1] 另有学者认为从知识产权调整功能出发，知识产权制度即形成“私权神圣”和“利益平衡”两大基本法律观。在知识产权制度中，强调“利益平衡”原则有着特别的意义。利益平衡是指当事人之间、权利主体与义务主体之间、个人与社会之间的利益，应当符合公平的价值理念。利益平衡是民法精神和社会公德的要求，也是“人权思想和公共利益原则的反映”。[2] 由此可见在一些学者眼中，利益平衡在知识产权法学研究领域中处于十分重要的地位。然而“利益平衡”也有泛化研究的趋势，但凡讨论知识产权理论问题，学者们“言必称平衡”。跳出知识产权法视野，从法学理论角度来看，利益需要平衡往往是因为各种利益之间会产生冲突。所谓利益冲突，就是利益主体基于利益差别和利益矛盾而产生的利益纠纷和利益争夺。[3] 而所谓利益平衡是指在运用法律调整社会关系的过程中，能动地对各种利益关系进行确认、维护、协调与平衡，以解决复杂的利益冲突和利益矛盾，使各种利益主体的利益需求在现实的社会生活中得以实现和受到保障。[4] 如果说利益可以划分为个人利益和公共利益，那么利益平衡应当包括个人利益和个人利益之间的平衡以及个人利

---

[1] 郑成思：“图书馆、网络服务商、网络盗版与‘利益平衡’”，载《社会科学管理与评论》2005 年第 3 期。

[2] 吴汉东：“知识产权本质的多纬度解读”，载《中国法学》2006 年第 5 期。

[3] 张文显：《二十世纪西方法哲学思潮研究》，法律出版社 2006 年版，第 104～105 页。

[4] 尹奎杰：“利益平衡论”，见张文显主编：《法学理论前沿论坛（第二卷）》，科学出版社 2003 年版，第 96 页。

益和公共利益之间的平衡。

公共利益在知识产权法领域内是一个重要的概念。就具体知识产权法规定而言，“公共利益”这个概念在知识产权法中出现的频率较高，尤其是在著作权法和专利法中。有学者认为知识产权法中的“公共利益”概念按其所处的位置不同，可以被分为两类：一是总则性“公共利益”概念，二是非总则性“公共利益”概念。该学者进而认为知识产权法中“公共利益”条款的功能包括以下几个方面：消极性或否定性功能；积极性功能和惩罚性功能。[1] 知识产权是一项私权利，知识产权法属私法范畴，那么私法与公共利益的维护有无关系呢？有学者认为，私法上对知识产权滥用的规制重点是考虑权利人与相对人双方利益衡量，要求私权主体在行使权利及履行义务的过程中实现个人利益和社会利益的平衡。[2] 而另有学者则认为在知识产权法中，对权利人个人的知识产权保护会很少提到公共利益问题，原因在于知识产权保护本身强调的是“私权”，而私权与公共利益保护是相对的。[3] 那么对公共利益的维护究竟是不是私法，特别是知识产权法的重要法益目标呢？

应该说对于公共利益的维护是知识产权法的重要法益目标。对公共利益的维护在整个知识产权限制理论中处于十分重要的地位，这是整个知识产权理论研究特别是著作权理论

---

❶ 李国海：“析知识产权法中的‘公共利益’概念”，载《中南大学学报（社会科学版）》2003 年第 4 期。

❷ 徐国栋：《民法基本原则解释——成文法局限性克服》，中国政法大学出版社 1992 年版，第 90 页。

❸ 冯晓青：《知识产权法利益平衡理论》，中国政法大学出版社 2006 年版，第 311 页。

研究中的主流看法，但不同学者在具体的表述上存在不同。就知识产权限制理论研究而言，有学者认为，一般而言，知识产权权利限制的法理学基础被简单地归纳为权利人利益与社会公共利益的平衡，这种观点揭示了权利限制背后的支配因素是对利益的分配，因而有其科学性。但知识产权中权利限制的各具体制度产生的基础并不完全相同，利益选择的重点各异。就著作权限制制度而言，个人与国家整体利益冲突的解决是强制许可制度产生的基础；获价最大与代价最小原则的体现导致法定许可制度的产生；公平与效率的冲突的解决导致知识产权的合理使用制度的产生；而知识产权与物权的权利冲突的解决导致知识产权的权利穷竭的产生。❶ 在著作权限制领域内，有学者认为著作权法从其诞生时起就试图在著作权人的利益和作品使用者之间找到一个平衡点，而这种平衡是一种动态的平衡，是随着社会不断发展变化而改变的。❷ 也有学者认为从著作权法旨在直接实现的利益目标看，它是有关帮助著作权人获得利益的制度安排。在著作权法保障的利益结构中，虽然首先考虑的是作者或其他著作权人的利益，但著作权法最终目的是为了公共利益。❸ 还有学者认为著作权法所体现所追求的目标之一就是利益平衡。现代著作权法始终在保护作者权利和促进信息传播方面两点之间寻找着平衡点。平衡网络条件下传统著作权人与使用者的利益冲

❶ 陶鑫良、单晓光主编：《知识产权法纵论》，知识产权出版社2004年版，第224～225页。

❷ 张海涛、张海英："试论网络著作权及其权利限制"，载《兰州学刊》2004年第4期。

❸ 冯晓青：《知识产权法利益平衡理论》，中国政法大学出版社2006年版，第315页。

突，成为合理使用制度新的课题。[1]

在承认知识产权是一项私权，首先体现为一项个人利益，并且维护公共利益是知识产权的重要法益目标的前提下，众多学者对于如何均衡个人利益和公共利益，也提出了自己的看法。有学者提出了知识产权保护和社会公共利益和谐发展的制度设计。认为通过借助公法对私权的限制达到私权保护和社会公共利益维护均能实现的双赢效果。同时通过私法规制知识产权滥用行为，实现私权保护和社会公共利益的协调与统一。[2] 也有学者认为，知识产权制度中个体利益和公共利益的理想平衡点应该停留在能够激发知识产权人创造力的最低值上，并且始终要让位于那些不可损抑的基本公共利益。这就是笔者对于平衡个人利益和公共利益冲突的基本价值判断。当然，具体的知识产权制度会受到博弈双方力量对比的影响，对平衡点的偏离程度就反映了该知识产权制度偏离良善性的程度。[3]

有学者对知识产权法哲学理论进行辨析，认为知识产权制度是架设在知识与财富或者智慧与财富之间的一座桥梁；或者说是知识产权制度就是以法律规定将知识转化为财产或者将智慧转化为财富。关于此种转化的正当性，至少有“精神道德论”、“经济激励论”、“增强竞争论”和“利益补偿

---

[1] 吴汉东：《著作权合理使用制度研究》，中国政法大学出版社2005年版，第245页、第259页、第273页。

[2] 葛现琴：“论知识产权领域的私权保护与社会公共利益博弈”，载《理论学刊》2005年第9期。

[3] 李秋容：“个体利益与公共利益的博弈与平衡——关于知识产权制度的法理与实证分析”，载《电子知识产权》2004年第7期。

论”等基本理论作为支撑。[1] 也有学者认为著作权法中公共利益可从不同认识视角加以理解，如从著作权增进民主目的的角度，从著作权法的激励理论角度和从效用理论角度等。[2]这些理论似乎都试图在处理著作权人利益和公共利益之间的关系，或是寻找侧重点，或是寻找两者的平衡点。然而从知识产权的发展历程可以看出，在知识产权从一种特权演化成一项私权的过程中，无论是立法还是司法实践均侧重于强化保护知识产权。有学者指出过分强劲的知识产权保护，反而使其遭遇了“知识产权怀疑论”、“反知识产权论”和“知识产权僵化论”三股新思潮的冲击。该学者进而提出要重构知识产权法哲学并提出“权利弱化与利益分享理论”。在该学者看来，知识产权制度的发展已经证明，过分强劲的知识产权保护不仅对社会没有好处，就是对知识产权所有人也并不是总有好处。[3] 总之，这些旧理论也好，新思潮也罢，均是为了均衡实现知识产权人和社会公众的利益，它们同时推动了知识产权理论的新发展。笔者认为，相对于利益平衡理论而言，权利弱化与利益分享理论更有说服力。

四、网络时代知识产权限制制度的新问题方面

随着网络时代的来临和各项新的传播技术的发展，传统意义的知识产权制度在网络环境下将会受到许多冲击，尤其

---

[1] 曹新明：“知识产权法哲学理论反思——以重构知识产权制度为视角”，载《法制与社会发展》2004 年第 6 期。

[2] 冯晓青：“论知识产权的若干限制”，载《中国人民大学学报》2004 年第 1 期。

[3] 曹新明：“知识产权法哲学理论反思——以重构知识产权制度为视角”，载《法制与社会发展》2004 年第 6 期。

是著作权制度，受到的冲击最大，这已经是不争的现实。著作权人权利的扩张与传统的著作权权利限制制度之间的冲突将更加明显。有学者指出数字技术和因特网技术的迅猛发展深刻地改变了模拟环境下作品的创作、使用和传播方式，并对著作权法中传统的著作权人的利益和公共利益的平衡产生了深远影响。[1] 随着各种技术的发展，在知识产权领域内出现了一些新的问题，也引发了知识产权界对这些具体问题的探讨。如近年来，唱片公司和 KTV 经营者针对 MTV 收费问题争论不休，引起了学者们的关注。有学者对播放 MTV 收费问题及法律对策进行了探讨。[2] 也有学者对卡拉 OK 著作权纠纷案进行了法理评析。[3] 随着 MP3 普及和网上下载歌曲成为普遍行为，目前我国许多的网络服务商在网上提供大量的 MP3 资源用于免费或付费的下载或播放，其中就涉及许多的版权争议。有学者就对 MP3 侵犯录音制品制作人著作权的法律问题进行了探析。[4] 面对这些问题，知识产权法学界的研究主要集中于两个方面：一方面是从宏观上探讨网络时代公共利益和知识产权限制之间的关系，另一方面是从个案出发研究当前知识产权限制领域出现的一些新问题。

以著作权为例，一方面，因特网高效、便捷的传播手段

---

❶ 冯晓青："网络环境下的著作权保护、限制及其利益平衡"，载《社会科学》2006 年第 11 期。

❷ 盘长丽："对播放 MTV 收费问题及法律对策的探讨"，载《广西民族学院学报（哲学社会科学版）》2006 年第 6 期。

❸ 潘淑红："卡拉 OK 著作权纠纷案法律评析"，载《法学》2004 年第 7 期。

❹ 谢守分："MP3 侵犯录音制品制作人著作权的法律问题探析——以美国最近的一个判例为线索"，载《知识产权》2001 年第 1 期。

能够使数字化作品在很短的时间内传遍全球，公众接近著作权作品更加方便。另一方面，著作权人对其在网络空间传播的作品却难以控制，未经著作权人同意擅自下载、传输、复制其作品的行为十分普遍。各国立法均加强了对网络著作权的保护，但这样亦会带来问题。有学者认为就我国著作权立法来说，著作权法在增加信息网络传播权、技术措施和权利信息管理等规定的同时，却没有增加相应的权利限制措施方面的规定。从理论上说，法律赋予了著作权人在网络空间的新的权利，却没有相应地赋予网络作品传播者和使用者新的使用权利，著作权法就明显存在失衡现象。在网络空间，著作权人的利益和社会公众利益以及在此基础上更广泛的公共利益应予以平衡的基本精神不会有任何变化。[1] 有学者认为随着互联网的飞速发展，网络著作权问题越来越受到人们的关注。由于网络数字化的特点，使网络作品极易被拷贝、传播、修改等，网络传输过程中又必然产生种种复制行为，而互联网的价值之一就是通过其丰富的信息资源和对信息的共享，使社会公众获得极大的益处。为了确保公众对社会信息的知悉权，合理调整作品创作者、传播者和使用者之间的冲突，实现在维护作者权益基础上的三者利益的均衡，我们需要寻找著作权保护与社会公共利益之间某些新的平衡点。[2]

目前知识产权学界主流的学术观点是，在网络环境下知识产权人的权利得到了扩张，因此要强化对知识产权限制。

---

[1] 冯晓青："网络环境下的著作权保护、限制及其利益平衡"，载《社会科学》2006 年第 11 期。

[2] 张海涛、张海英："试论网络著作权及其权利限制"，载《兰州学刊》2004 年第 4 期。

如有学者认为网络时代著作权的保护不能简单地将既有的著作权法保护体系直接适用于虚拟空间进而造成网络环境下著作权的无限扩张。通过正确的著作权法律制度的设计，必将能够在著作权人的“私有领域”和社会公众的“保留地”之间达到和谐。[1] 有学者认为由于互联网的横空出世，昔日作为作者权利和社会利益的最佳协调器，并屡屡为受到挑战的著作权制度化解危机的著作权权利限制，此刻却成为使得公众权利和作者利益冲突并激化的原因所在。该学者同时强调只要著作权的立法宗旨不改变，不管时代如何变迁，著作权的权利限制在著作权的修订中都是必不可少的。[2] 也有学者认为网络技术对于著作权人的权利实现来说，无疑是一大鼓舞，如新权利的增加，原有权利的范围扩充，权利的完整性增强，以及有可能具备控制作品的新的技术手段等，但是，却会在很大程度上改变著作权人和使用者之间的利益平衡。网络技术将引发更频繁、更尖锐的利益冲突。在这场利益冲突中，如果法律没有什么作为的话，著作权人一方将对作品的使用拥有绝对的控制权，因此应加强对著作权人的权利限制。[3] 还有学者在对网络环境下的著作权限制制度进行分析后，认为网络环境下过分强化著作权保护，将著作权保护不恰当地深入到法律难以控制的私人领域，会产生两个后果：一是著作权法律给所有守法的网络使用者带来极大的不便，将出现大

---

[1] 李静：“‘保留地’之辩——论新著作权法下信息网络传播权的限制”，载《电子知识产权》2004 年第 5 期。

[2] 陈兰钦：“论网络时代著作权的权利限制”，载《福建政法管理干部学院学报》2004 年第 4 期。

[3] 常廷文：“网络作品著作权权利限制的理论和立法探讨”，载《科技与出版》2005 年第 1 期。

量的违法者；二是著作权人维护权利的成本过高，期望得到的利益不能得以实现，权利形同虚设，这将使法律的权威受到极大的质疑。❶

有些学者则对网络环境下知识产权限制的相关具体制度作出了研究。如有学者认为，在网络空间，合理使用范围是应当扩大还是缩小，对此学术界存在两种相反的观点：一种观点主张合理使用的范围应当扩大；另一种观点则相反，主张传统的合理使用范围不但不能扩大，反而应根据现行著作权法进行严格解释。❷ 有学者认为互联网技术的兴起和发展，使著作权体系产生了扩张的趋势，加之技术性保护措施的合法化，合理使用原则面临边缘化的危机。该学者进而认为合理使用制度在网络环境下应适度扩大适用范围，以契合网络的“后现代特性”所主张的互动与开放精神，以及以利益平衡为内核的“效益主义”目标。❸ 有学者还看到了网络时代著作权利益平衡制度的演化与困境，认为网络发展带来的权利空间的扩大使得与著作权相关各方的利益要求开始扩张。面对大量新型纠纷，以合理使用制度中“合理性”判断标准为代表的利益平衡制度判断标准的模糊，导致在一些新型纠纷中利益平衡制度几乎被架空。尤为重要的是，利益平衡制度的自身演化也产生了在发达国家与发展中国家之间如何进

---

❶ 翟中鞠：“‘网络时代的著作权保护’国际研讨会综述”，载《法商研究》2004 年第 4 期。

❷ 冯晓青：“网络环境下的著作权保护、限制及其利益平衡”，载《社会科学》2006 年第 11 期。

❸ 李颖怡、罗鑫星：“网络后现代特征与著作权合理使用制度的调适”，载《中山大学学报（社会科学版）》2007 年第 1 期。

行利益平衡的难题。❶

另一方面，针对网络时代知识产权保护的个案研究亦得到了深化。近年来引起学界讨论比较多的是对胡戈发表网络作品《一个馒头引发的血案》是否属于侵权行为的讨论。如有学者认为《一个馒头引发的血案》是独立作品，并且是合理使用产生的作品，但不是戏仿作品。《一个馒头引发的血案》属于为介绍、评论某一作品或说明某一问题，在作品中适当引用他人已经发表的作品的合理使用作品，不存在侵权作品。❷还有有学者认为《一个馒头引发的血案》以及类似作品代表了一类我国著作权法中没有明确予以规定的戏仿作品；并主张，由于戏仿的娱乐和批评价值，我国著作权法应当基于“合理使用”原则对戏仿予以保护；基于中国的国情，戏仿有可能涉及侵犯个人的人格（名誉）和市场价值（声誉），应当根据情况分别予以适度保护；由于电影产品消费的特殊性，保护戏仿还具有保护消费者权益以及促进当代中国文化、社会建设的意义。❸还有学者认为“模仿讽刺”在著作权法理论中特指通过模仿原作者内容而对原作加以讽刺或批评的改编创作形式。在模仿的程度应与讽刺与批评的需要相适应的情况下，“模仿讽刺”构成“为进行评论而适当引用作品”，是“合理使用”。应当以上述规则解决《一个

❶ 郭寒剑、程博：“网络时代知识产权利益平衡——以著作权利益平衡制度为核心的解读”，载《山西师范大学学报（社会科学版）》2006年第4期。

❷ 邓社民：“数字环境下著作权合理使用与侵权的法律边界——由一个馒头引发的血案引起的思考”，载《法学论坛》2006年第6期。

❸ 苏力：“戏仿的法律保护和限制——从一个馒头引发的血案切入”，载《中国法学》2006年第3期。

馒头引发的血案》引发的著作权问题。[1] 而有的学者认为该行为是侵权行为，胡欲制作《一个馒头引发的血案》，必先通过软件破解《无极》（数字版）的技术保护措施。也就是说，胡在制作《一个馒头引发的血案》时就已经不可避免地侵犯了制片者的权利。从我国著作权法规定来看，反技术规避条款实质赋予了著作权人一项独立的新权利，而对这项新权利的任何限制并未在合理使用条款中提及。[2] 另有学者尖锐地指出“馒头血案”与《无极》的碰撞，其实提出了一些涉及法与社会转型的根本问题：怎样才能避免通信技术引起著作权的解体或贬值？人际互动与大批量的契约群以及民主决定的法律程序要件之间的关系究竟应该如何重构？解答这些问题的关键是对权利处理的不同方式进行比较。[3] 从当前学者对当前著作权限制领域出现的一些新问题的个案研究可以看出，学者们已经在认真地思考我国著作权限制法律规定中的不足问题，并提出了相应的对策，但尚未形成宏观的系统化理论化研究成果。

第三节 本书的创新点

本书的创新点之一：在知识产权限制的基础理论方面，本书提出了知识产权限制的混合限制理论。权利限制有内在

---

[1] 王迁：“论认定‘模仿讽刺作品’构成‘合理使用’的法律规则——兼评一个馒头引发的血案涉及的著作权问题”，载《科技与法律》2006 年第 1 期。

[2] 李旭：“一个馒头引发的血案引起的思考”，载《信息网络安全》2006 年第 3 期。

[3] 季卫东：“网络化社会的戏仿与公平竞争——关于著作权制度设计的比较分析”，载《中国法学》2006 年第 3 期。

理论和外在理论两种，内在理论认为权利限制实际上是依权利自身性质产生的限制，是存在于权利自身之中的限制；外在理论认为权利限制乃是权利之外对权利的限制。内在理论和外在理论各有其特点。知识产权学者在论及知识产权限制问题时很少谈及知识产权限制的理论依据问题，这正说明知识产权部门法理论与民法理论甚至是一般法学理论常常脱节。本书认为，就具体的知识产权限制制度的规定而言，同一限制规定从一个角度看属内在限制，从另一个角度看可能属外在限制。用限制理论来指导限制制度建设并不是非此即彼的问题，并不是仅能在内在限制理论和外在限制理论二者选一的问题。本书认为知识产权限制应采用以内在理论为主兼顾外在理论的混合限制理论，并对这一理论进行了论证。

本书的创新点之二：在知识产权限制的原因方面，本书认为权利冲突是知识产权限制的原因。关于知识产权限制的原因，知识产权学界有学者从知识产权权益分配的公平正义观、知识产权公共利益属性、知识产权人的社会责任以及有限的自然权利观念等方面来论述为什么要对知识产权限制，这是从宏观的法哲学层面对知识产权限制进行的考察。学界从微观的层面谈知识产权限制的原因主要涉及知识产权滥用、知识产权利益平衡等，且未展开系统论述。本书通过梳理与知识产权密切相关的知识产权权利滥用、知识产权利益平衡、知识产权权利冲突等范畴，对知识产权限制的原因发表了自己的独特见解。本书认为，知识产权滥用是一种特殊的知识产权侵权行为，尽管它是一种特殊的侵权行为，但只要是侵权行为，它导致的后果必然是侵权人承担相应的法律责任。对知识产权滥用这样的侵权行为只存在规制（预防和制裁）

问题，而不存在限制问题，因此，它不可能是知识产权限制的原因。就利益平衡与知识产权限制的关系问题，本书认为尽管利益平衡是中国知识产权领域的一个热门话题，甚至有学者认为利益平衡是中国知识产权法的理论基础，但它不仅仅是一个法律问题甚至主要不是一个法律问题，因为它广泛地存在于社会的政治、经济、文化及其他领域。利益平衡是法律要实现的目的之一，当然也是知识产权限制要实现的目的，是司法实践中解决利益冲突问题的基本方法，它亦不是知识产权限制的原因。关于知识产权限制的原因，本书的看法是：相对于知识产权滥用和利益平衡而言，把知识产权冲突看作是知识产权限制的原因更为合理。在这里，知识产权冲突是指两项以上的合法权利之间的冲突，由于一项权利的行使可能阻却他人权利的实现，因而有必要对相互冲突的权利进行限制。

本书的创新点之三：在从公共利益角度论我国知识产权限制制度的完善部分，本书提出了我国知识产权限制制度建设的几点建设性的意见和建议。本书认为，我国主体知识产权限制制度立法应变列举式立法模式为一般条款与列举式并用的新的立法模式；我国知识产权限制制度在应对发达国家施压、与知识产权国际公约逐渐靠近的同时，应当在允许的范围内更多地考虑是否有利于本国经济、技术、文化目标的实现，在此前提下实施本国知识产权战略；在知识产权限制制度立法过程中，应消除现有公共利益概念使用以及公共利益表达内涵不一致的缺陷问题，以保证立法本身的严谨和权威；由于公共利益容易被滥用，本书主张通过对公共利益标准和范围的界定、明确公共利益的认定方法和程序、对因服从公共利益需要而作出牺牲的知识产权人进行事先公正补偿等环节来限制公共利益，使公共利益具有合法性。

第四节 本书的结构与研究方法

一、本书的主要内容和结构

围绕研究主题，本书通过6章加以论证和阐述，具体内容如下：

第一章是绪论。主要介绍本书研究的目的和意义、本论题国内外研究现状、本书的创新点、主要内容与研究方法等。

第二章是知识产权限制的基础理论。主要论述知识产权的公共利益属性、知识产权限制的混合限制理论和知识产权限制的基本特征。

第三章是知识产权限制的原因分析。通过梳理与知识产权密切相关的知识产权权利滥用、知识产权利益平衡、知识产权权利冲突等范畴，得出相对于知识产权滥用和利益平衡而言，把知识产权冲突看作是知识产权限制的原因更为合理的结论。

第四章探讨知识产权限制制度与公共利益的关系。认为公共利益在知识产权限制制度中具有非常重要的地位，公共利益优位是知识产权限制制度中的重要原则。本部分作者还对主要维护公共利益的各国的具体知识产权限制制度进行了论述。

第五章对各主要国家知识产权限制制度进行了比较。内容包括著作权限制制度比较、专利权限制制度比较、商标权限制制度比较等。

第六章是从公共利益角度谈我国知识产权限制制度的完善问题。这一章作者首先论述的是我国知识产权限制制度的立法现状，然后从法律制度与法律部门的关系角度对我国知识产权限制制度体系进行了探讨，最后对知识产权限制制度的立法模式、知识产权限制制度的本国特色、知识产权限制制度中公共利益概念的使用以及对知识产权限制制度中公共利益的限制等主要问题进行了重点阐述。

第七章是本书的研究结论与研究展望。结论部分对本书研究的内容进行了总结，展望部分指明了未来的研究方向。

二、本书的研究方法

本书采用的研究方法包括：

（1）将一般法学理论知识与具体知识产权部门法的研究结合起来，以完善知识产权基础理论的研究。

（2）综合运用比较的方法，包括基本概念的比较、基本理论的比较，特别是中外知识产权限制制度的不同规定的比较，以期吸收众长，建立符合中国国情的知识产权限制制度。

（3）注重理论研究与实践相结合，包括理论研究与具体法律规定结合、理论研究与个案分析结合起来，让理论更具说服力，同时也能解决实际问题。

（4）采用语义分析方法对我国知识产权限制制度的具体法律规定进行解释，以期在实践中能对合理运用我国知识产权限制制度起到积极作用。

第二章　知识产权限制的基础理论

第一节　知识产权的权利属性认识

在知识产权制度中，国家公权积极介入的重要性毋庸置疑，有学者甚至称："在现代市场经济和法治社会条件下，知识产权制度的发展已经越来越多地突破传统私法的领域，其'个性化'表现愈来愈突出，而这明显地表现为国家或政府不断强化对知识产权制度的公权力干预，我们将之归结为知识产权制度的公权性质。"❶另有学者认为："在当代，知识产权的私权性并没有变化，但国家介入因素在增强。换言之，知识产权的公权化因素在增强。知识产权私权的公权化表明知识产权已经不是一种纯粹的私权，而是一种具有公权因素的私权，表现出公权化和社会化的趋向。"❷这些看法打破了将知识产权仅作为私权看待的传统认识。知识产权的权属问题是知识产权法律制度建立的理论基石，亦是建立和完善我国知识产权限制制度的出发点。

❶ 李永明、吕益林："论知识产权之公权性质——对'知识产权属于私权'的补充"，载《浙江大学学报（人文社会科学版）》2004年第4期。

❷ 冯晓青：《知识产权法利益平衡理论》，中国政法大学出版社2006年版，第304页。

一、公权、私权概念辨析

探讨知识产权的权利属性首先应厘清公权和私权两个基本概念。无论是坚持知识产权是私权的学者，抑或是认为“强调知识产权制度的私权性质时，对其公权性质的认识也是极有必要的”学者均认为私权在这里指的是私权利，❶ 而对公权的认识却有区别。有学者认为“私权是与公权即国家权力相对应的一个概念”，❷ 显然这里的公权指公权力。而另有学者认为“公权是为了维护国家和公共利益而设定的权利”，❸ 显然这里公权指公权利。在法律的语言表述中，如果在权力或权利的前面加上限定语，人们往往会将其简称为“权”，例如立法权（权力）、受教育权（权利）等等。此时一个“权”字可以表达权力和权利两种意思，但这并不妨碍人们交流。因为人们通常根据权力或权利限定语的享有者来判断这种“权”的含义，虽然权力与权利的区分远非如此简单，但主体的区别却是划分标准之一。然而当我们论及公权、私权这组概念时，仅凭“公”与“私”这两个限定语，我们很难判断此处的“权”是指权力还是指权利，因为作为权力享有者的国家也可以从事私行为，也可以享有权利。

在一些英美法学家的著作中，权利与权力通用的情形比较常见。英国法学家哈特在《法律的概念》一书第5章“法

❶ 李永明、吕益林：“论知识产权之公权性质——对‘知识产权属于私权’的补充”，载《浙江大学学报（人文社会科学版）》2004年第4期。

❷ 吴汉东：“知识产权的私权与人权属性——以《知识产权协议》与《世界人权公约》为对象”，载《法学研究》2003年第3期。

❸ 李永明、吕益林：“论知识产权之公权性质——对‘知识产权属于私权’的补充”，载《浙江大学学报（人文社会科学版）》2004年第4期。

即第一性规则和第二性规则的结合”中写到：“第一类规则设定义务，第二类规则授予权力，公权力或私权力。”❶ 沈宗灵先生认为哈特将权力和权利两词通用，私权力即权利。❷ 美国法学家霍菲尔德曾对权利、义务等基本概念进行了较系统的分析。他认为，仅就权利一词而言，它包括以下 4 种含义：（1）狭义的权利；（2）特权（privilege）；（3）权力（power）；（4）豁免（immunity）。❸ 但在我国汉语词汇和法律规定中，权利和权力，特别是公民权利和国家权力是有严格区分的。❹ 本书论及知识产权限制制度，在讨论知识产权是否具有公权属性时，我们首先有必要厘清这里的公权是指公权力还是指公权利。笔者认为在讨论知识产权权属时，学者从因国家公权力的积极介入而导致知识产权公权化趋势这一角度来认识私权的对等概念——公权时，应将知识产权公权化趋势中的公权认定为公权力而不是公权利。根据公权利的定义“人们在政治领域和社会公共事务方面的权利”，❺ 可知公权利的享有主体是私人，这就出现了公权利与私权利的享有主体均为私人，两者的关系正如有学者指出的那样：“‘私权’乃权利之种概念，与‘公权’在‘权利’范畴内成立对立关

❶ ［英］哈特著，张文显译：《法律的概念》，中国大百科全书出版社 1996 年版，第 83 页。

❷ 沈宗灵主编：《法理学》，北京大学出版社 2000 年版，第 101 页。

❸ 沈宗灵：“对霍菲尔德法律概念学说的比较研究”，载《中国社会科学》1990 年第 1 期。

❹ 沈宗灵主编：《法理学》，北京大学出版社 2000 年版，第 106 页。

❺ 张文显：《二十世纪西方法哲学思潮研究》，法律出版社 2006 年版，第 104～105 页。

系。”[1] 既然同为权利，权利享有者是行使公权利还是行使私权利是权利主体个人选择的结果，并不存在对于同一主体一种权利介入另一种权利的说法。公权利的行使多与政治领域和参与社会公共事务有关，知识产品的开发、创造活动与上述领域的活动存在着较大差别，因而对知识产权的权属进行分析时，应分析其权属是私权利还是公权力。

对于私权利的定义，学界存在不同看法，笔者比较赞同的一种定义为：“所谓私权，是在私法的规定下，以市民社会为依归，以个人利益为追求目标，个人所享有的以平等和意思自治（私法自治）为理念的权利。”[2] 相应地，笔者想把公权力定义为：所谓公权力，是在公法的规定下，以政治国家为依归，以社会公共利益为追求目标，国家所享有的以合法的强制力为后盾支配其他行为主体的能力。从私权利和公权力的定义，我们可以看出两者的区别是明显的。首先，私权利多由私法所规定，而公权力多由公法所规定。其次，私权利由个人所享有，多体现当事人之间平等自由的契约交换关系，以个人利益为直接追求目标。而公权力的享有者为国家，在现实生活中公权力由国家授权相应的组织来行使。公权力体现的是一种权力服从关系，以社会公共利益为追求目标。最后，私权利体现着自由的法律价值，凡是法不禁止皆自由。而国家公权力体现着秩序的法律价值，其行使由国家强制力保证实施。国家公权力必须来自法律的严格规定，法不授权

---

[1] 俞江：《近代中国民法学中的私权理论》，北京大学出版社 2003 年版，第 83 页。

[2] 曹险峰：“私权及其救济”，见张文显主编：《法学理论前沿论坛（第二卷）》，科学出版社 2003 年版，第 673 页。

皆无权。虽然两者的区别如此明显，但两者的联系也是不容忽视的。公民如何正确行使权利和国家如何正确行使权力是建立法治社会的关键，无论是权利的滥用还是权力的滥用都会给国民经济秩序造成严重破坏。作为法律重要价值的自由和秩序，两者是互补的，良好的秩序是充分享有自由的前提，而对自由的正确行使对秩序的维护起促进作用，从这个意义上说，对于公民的私权利应当以激励和保障为主，对国家的公权力应当以限制和监督为主。但这并不表明国家不能以法律的形式来限制公民的私权利。

二、公法、私法的划分对知识产权属性的影响

如果从公权是基于公法所规定，私权是基于私法所规定这一角度来看知识产权的权属，公、私法有无必要划分和如何划分对研究该问题具有重要意义。公元 3 世纪，公法（Public law）和私法（Private law）的划分由罗马法学家乌尔比安首次提出，他在其著作《学说汇纂》中指出："它们（指法律）有的造福于公共利益，有的造福于私人。公法见之于宗教事务、宗教机构和国家管理机构之中。"[1] 优士丁尼在《法学阶梯》中更明确地指出："公法是关系到罗马人的公共事务之状况的法律；私法是关系到个人利益的法律。"[2] 由此可见，从古罗马时代，法学家们就对公、私法的划分提出了自己的看法。

[1] ［意］彼德罗·彭梵得著，黄风译：《罗马法教科书》，中国政法大学出版社 1992 年版，第 9 页。

[2] ［古罗马］优士丁尼著，徐国栋译：《法学阶梯》，中国政法大学出版社 1999 年版，第 11 页。

直至今天，关于公、私法的划分仍然争论不休，集中于对公、私法划分标准的讨论。据统计，在20世纪初，在这一问题上相互冲突的学说已达17种之多。[1] 有学者认为公、私法的划分标准学说可归纳为权力说、服从说、强行法说、利益说、折中说或混合说。[2] 有学者则归纳为权力说、主体说和利益说。[3] 还有学者归纳为利益说、主体说、权力服从说、综合说。[4] 即便是权力说、主体说、利益说、综合说或折中说这几种学者们比较认可的公、私法划分标准，学者们在归纳时也无法回避这些学说自身存在的缺陷。如以法的内容是否与国家权力有关作为公、私法划分标准的权力说无法回避的是社会中除国家与个人之外还有其他社会团体的存在，这些社会团体有时亦享有社会权力。这使得调整不平等主体之间权力服从法律关系的公法和调整平等主体之间无权力服从法律关系的私法很难单独适用这些现象。又如以法律关系主体不同来作为划分公、私法标准的主体说无法回避的是国家也可以作为平等主体与私人缔结契约。国家作为社会的主体并不绝对地表现为公权代表者，有时也进行私行为。再如以法所维护的利益是否为公益对公、私法进行划分的利益说无法回避的是人们无法对法所维护的利益是属于公共利益还是私人利益进行绝对的区分。公共利益的最终受益人是个人，个人利益的维护又体现了公共利益，双方难以绝对区分。而综合

[1] *International Encyclopedia of Comparative Law*. vol2. ch2. 22

[2] 同上书，vol2. ch2. 125～126

[3] 易继明：《私法精神与制度选择》，中国政法大学出版社2003年版，第13～15页。

[4] 孙国华、杨思斌："公私法的划分与法的内在结构"，载《法制与社会发展》2004年第4期。

说或折中说虽然从表面上回避了各种学说的缺陷，体现着中立的看法，似乎值得借鉴，但有学者尖锐地指出该学说使“各种单一根据的缺陷也被综合进来”，“综合说由于其根据的多元性使得公私法划分的根据更加模糊和不确定。”❶ 区分本来是明晰概念的最佳手段，却因为概念本身的联系使得概念的区分变得模糊，而对如此多的无法回避的学说缺陷，我们不禁怀疑公、私法的划分确有必要性吗？难道正如凯尔森所指出的那般：“作为法律的一般体系化的一共同基础来说，这种区分是没有用的。”❷ 而现代社会所出现的公法私法化和私法公法化现象似乎也为这一看法提供实证。与此同时，学者对公、私法研究的侧重点亦有不同。有学者认为“对于一种社会的法律秩序来说，私法只应当被认为是一个仅具暂时性质的且日益缩小的个人能动领域，它暂时还残存于无所不涉的公法领域之中。”❸ 而主张私法张扬的学者则认为，只有私法的社会化才“使所有的人成为真正的人”，因此，从这个意义上说，公法易逝，则私法永存。❹

笔者认为公、私法的划分是有必要的，两者在有区别的基础上对立，在作为法制整体保障社会成员利益和维护社会经济秩序上两者应形成良性互动。首先，随着时代的发展，

---

❶ 孙国华、杨思斌：“公私法的划分与法的内在结构”，载《法制与社会发展》2004 年第 4 期。

❷ ［奥］凯尔森著，沈宗灵译：《法与国家的一般理论》，中国大百科全书出版社 1996 年版，第 232 页。

❸ ［英］哈耶克著，邓正来等译：《法律、立法与自由》，中国大百科全书出版社 2000 年版，第 222 页。

❹ 参见覃有土、樊启荣：“和法社会化思潮的源流”，见吴汉东主编：《私法研究》，中国政法大学出版社 2002 年版，第 135 页。

17～18 世纪那种以竞争的个人主义和自由主义为基础的个人利益至上的个人本位思想已逐渐被强调合作、整体社会利益的社会本位所替代。[1] 国家权力和私人权利在维护社会利益这一点上有共同的追求。“国家权力在私人领域出现并不能成为否定公私法划分的理由，因为现代社会中任何制度建设都不可能摆脱权力和民族国家的背景”。[2] 这说明公法、私法的存在是客观必然的，不能以公法私法化抹煞公法的存在意义，也不能以私法公法化忽视私法的存在价值。其次，如果公法、私法是客观存在的，我们就应当正视公法私法化和私法公法化的现象。“公法的私法化与私法的公法化实际上是法律调整的两种基本方法，即集中的方法和非集中的方法在不同领域以不同方式和比例的结合，这种结合正是以公法原则和私法原则各自的相对独立为前提的，并不是彻底地否认公私法的划分”。[3] 再次，“对公法和私法概念的怀疑，反映的是新的法律现象无法置入旧的解释体系里。正如关于‘公法’和‘私法’的区别的学说史所演示的，作为语词的‘公法’和‘私法’并没有变化，变化的是他们的解释”。[4] 时代的发展赋予了公、私法新的含义。我们所处的时代比以往任何时代都显得复杂和价值的多元化，我们既追求个人利益，但为了更

---

❶ [美] 庞德著，曹玉堂等译：《法律史解释》，华夏出版社 1989 年版，第 1 页。

❷ 易继明：《私法精神与制度选择》，中国政法大学出版社 2003 年版，第 13～15 页。

❸ 孙国华、杨思斌：“公私法的划分与法的内在结构”，载《法制与社会发展》2004 年第 4 期。

❹ 俞江：《近代中国民法学中的私权理论》，北京大学出版社 2003 年版，第 83 页。

好地获得个人利益又必须积极维护社会公共利益。每个人都是社会的一员，其价值更多的于社会中体现。在强调社会本位，强调互助合作双赢，在使每个人获得更多利益，生活得更加美好这一点上，公法与私法有着共同的追求。

我们强调公、私法的划分不是绝对地割裂两者的划分，而是使两者形成良性互动，互相发挥自身的优点，更好地促进社会的发展。从这个意义上说，划分公法和私法体现着一种法律的精神，即当我们建构和完善一种具体法律制度时，我们是以私法角度考虑为主，以公法角度考虑为辅，还是以公法角度考虑为主，以私法角度考虑为辅更能促进这项法律制度的发展。从以上论述可以看出对公法、私法进行划分是有必要的，具有积极的法律意义。也正是在划分公、私法的前提下，我们认为讨论公权与私权是有意义的，进而我们认为讨论知识产权的权属是公权还是私权意义重大。

三、知识产权是具有较强公共利益属性的私权利

知识产权并非起源于任何一种民事权利，也并非起源于任何一种财产权，它起源于封建社会的“特权”。[1] 知识产权制度的确立，完成了非物质财产的权利形态从特许之权到法定之权的制度变革，变革的结果使得知识产权嬗变为一种新型的私人财产权。[2] 在近代思想家的著述中，从洛克、斯密到马克思都建立了自己的“劳动价值学说”，虽然这些理论具有不同的社会意义，但都正确地说明劳动创造价值、劳动产

---

[1] 郑成思：《知识产权论》，法律出版社2001年版，第4页。

[2] 吴汉东：“知识产权的私权与人权属性——以《知识产权协议》与《世界人权公约》为对象”，载《法学研究》2003年第3期。

物属于劳动者的重要意义。[1] 知识产品作为人们的劳动成果也应受到保护，劳动价值学说是知识产权作为一项财产权而属于私权的理论基础。从知识产权的发展可以看出，正是知识产权摆脱特权属性，成为一种私权利，使人们意识到自己的智力劳动成果可为自己所享有，是自己的财产，可以在法律允许的范围内自行处置，才激发了人们的创新意识，进而促进知识的不断创新。在知识产权基础理论的研究中，知识产权的私权属性是一种主流的观点。笔者之所以在这里探讨知识产权的属性，只是想从知识产权所呈现出的公权介入这一角度出发谈谈对知识产权私权本质和公共利益属性的进一步认识。

无论是从知识产权法律制度本身的规定，还是从当今社会经济迅猛发展，国家对知识产权的重视，我们不难发现国家的公权对知识产权制度的介入逐渐深入。有学者看到了公权力的介入对知识产权制度发展起到了一定的积极促进作用并由此认为“我们在强调知识产权制度的私权性质时，对其公权性质的认识也是极有必要的”，说明该学者并不否认知识产权的私权属性，只是“顺应知识产权制度的社会化和公法化这一趋势，国家或政府不断强化对知识产权制度的公权力干预”。[2] 如果如笔者前文所述，应将公权认定为公权力，私权认定为私权利，那么，认为国家权力的过分介入使知识产权由私权属性转为公权属性就涉及权利对权力让渡的问题。

[1] 吴汉东：“知识产权的私权与人权属性——以《知识产权协议》与《世界人权公约》为对象”，载《法学研究》2003年第3期。

[2] 李永明、吕益林：“论知识产权之公权性质——对‘知识产权属于私权’的补充”，载《浙江大学学报（人文社会科学版）》2004年第4期。

所谓权利对权力让渡是指“社会各主体为了维护整个社会的平衡、协调、有序，将本属于自身的权利让渡出来，形成国家权力”。[1] 显然，就目前我国的知识产权发展程度而言，并未出现知识产权权利享有者将自己的权利让渡出来形成国家权力。归根结底，国家强化对知识产权的干预力度只是“私法公法化”的表现之一，即“国家权力对社会和经济生活的直接干预突破了传统的私法界限，从而使公法关系向私法领域延伸”[2] 的现实显现。正因为知识产权与社会公共利益密切相关，国家公权才有介入的必要，才存在国家公权加大干预力度的可能。国家公权对知识产权制度的介入只是一种逐渐干预的过程，是一种影响，包括好的影响和坏的影响，并没有导致知识产权成为公权性质的权利，没有改变知识产权的私权本质。知识产权是私权，但具有很强的公共利益属性，国家公权的介入对知识产权制度起到完善的作用。

国家公权对知识产权制度的介入主要体现为立法权、司法权和行政权三个方面。这里我们先撇开国家权力之立法权、司法权和行政权对其他权利制度的建立所起的作用，只是单结合知识产权的特殊性来谈。就立法方面而言，近20年来我国的知识产权保护法律制度得到了比较快的发展。在国内，为适应现实的需要，我国近几年对《著作权法》、《专利法》、《商标法》这几部重要的知识产权法律均作了较大的修改，同时也制定了《关于审理著作权民事纠纷案件适用法律若干问题的解释》等重要的司法解释。在对知识产权进行保护的

[1] 谢晖：《法律信仰的理念与基础》，山东人民出版社1997年版，第345页。

[2] 李步云主编：《法理学》，经济科学出版社2000年版，第117页。

同时，为实现社会公共利益，亦对著作权、专利权的限制作出了规定。在国际上，我国也加入了一些重要的国际条约或协议，如签订世界贸易组织协定中《与贸易有关的知识产权协定》。在国外，发达国家在促进技术创新、推动技术的转化和利用的各个环节，都采取了似乎更有利于促进知识产权法律制度运行的行政措施，其中许多思路已上升为具有公法性质的法律规范或法律，体现了国家干预对知识产权法领域的强势介入。[1] 就司法方面而言，我国有的法院已设立了专门的知识产权法庭以加强对知识产权案件的审理工作。知识产权的公权介入最明显的表现是国家行政权的介入，突出表现为国家对知识产权申请采取的各项受理、审查、注册等行政行为。即便如此，我们仍不能认为知识产权具有公权属性，因为知识产权对象本身特点决定需要国家行政权的介入。关于知识产权的对象是什么，典型的表述可归纳为“创造性劳动”、“智力创造成果（或智力成果）”、“智慧产品”、“知识产品”、“信号”、“信息”、“符号”、“知识”等，[2] 笔者赞同知识产权的对象就是知识这种观点。知识是一种形式，其表现必须依附一定的载体。对知识作为一种权利对象进行确认必须有超越于个人的第三方加以肯定，否则知识产权便无法行使，因此作为极具公信力的国家行政机关就应担当起重任。这种确认是在当事人因知识产权侵权行为发生纠纷时，公平合理解决纠纷的前提，实质上是借助国家公权的权威赋予知

---

[1] 刘华：“国际专利制度改革的实证分析及对我国的启示”，载《法律科学》2006 年第 1 期。

[2] 刘春田、金海军：“2003 年知识产权法学学术研究回顾”，载《法学家》2004 年第 1 期。

识产权这项私权以合法性、真实性。从本质上说是对私人利益的维护，并通过对私人利益的维护达到对公共利益的保障，并且这种确认并不影响当事人之间对权利进行转让等实质性处分时遵循当事人私权自治的原则。“在知识产权取得的过程中，‘国家授予’或‘法律确认’是必要的，这是因为知识产权的独占性特征，靠智力劳动本身是无法产生的，这恰恰是法律制度设计的结果”。[1] 即便如此我们也不能因此认为知识产权具有公权性质。

正如前面指出的公、私法的划分不是绝对地割裂两者，而是使两者形成良性互动，公法所规定的公权力和私法所规定的私权利应当成为两者良性互动的手段。私权利的发展和维护离不开公权力的积极介入，任何仅以知识产权是私权利属性而绝对排除公权力干预的认识是错误的，否则会走向权利滥用的极端，既不能保护知识产权享有者的利益，也不利于知识的创新与传播。知识产权是具有较强的公共利益属性的私权利。我们应当正确地认识知识产权的公共利益属性的存在，将其理解为国家公权以积极方式促进知识产权的发展，这也是国家充分行使其职能所必须履行的职责，同时我们也不能因国家公权的积极介入就认为知识产权就具有公权属性。

---

[1] 吴汉东：“知识产权的私权与人权属性——以《知识产权协议》与《世界人权公约》为对象”，载《法学研究》2003 年第 3 期。

第二节　知识产权限制的理论依据

一、权利限制的内在理论和外在理论

（一）权利限制的内在理论

内在理论（internal theory）认为权利限制实际上是依权利自身性质产生的限制，是存在于权利自身之中的限制。[1] 它不承认先于法律而存在的权利，认为法律规制就是权利边界的基础。权利依法仅享有一个确定的、惟一的内容，权利限制是确定权利的外延或者内容的方法，故而权利必内含限制。[2] 由于人是社会中的人，从社会伦理和社会道德的前提出发，个人的权利自始就受社会约束，对社会负责，所以任何权利按照其社会属性都有一个固定范围。所谓权利限制不过是在此范围的边界之外的东西。或者说，权利限制并不是什么限制，而是权利按照其本性本来就不应该到达的地方。按照内在理论的理解，权利限制意味着：基于公共利益、国家法秩序要求对权利的限制，也是从权利的内部进行的必要的限制，这种限制应被称作内在限制。[3]

内在理论采用“权利本质内含义务”的方法定义权利，认为法律限制及由其产生的义务应该纳入权利的概念中。所有权必蕴含义务，只有如此定义，才能符合社会经济及所有

---

[1] 李雅萍：“德国法上关于基本权利之限制”，载《宪政时代》第22卷。

[2] ［法］盖斯旦、古博著，陈鹏等译：《法国民法总论》，法律出版社2000年版，第705页。

[3] Robert Alexy. *A Theory of Constitutional Rights*. Oxford University Press, 2002：178～179

权法秩序发展的需要。正如基克尔所说："私的所有权依其概念本身并非绝对，基于公共利益的限制包括征收的可能性均寓于所有权本身，源自最深处的本质。"所有权兼括权能和义务，限制及拘束乃所有权的本质内容。此种应受合理规范的所有权将使私的所有权更具存在的依据，而发挥其功能。❶ 可见，内在理论强调对所有权的限制为共同决定着所有权的因素，❷ 个人财富与社会财富得以辩证统一，私人财产权必须同时满足个人与公共的目的。❸

内在理论在逻辑上把"权利的构成"和"权利的限制"合二为一，它认为，权利按照其社会属性，是有着自然边界和固定范围的，所以当我们确定了权利是什么时就同时确定了权利的界限。在内在理论看来，"权利的构成"和"权利的限制"是互为表里的同一个问题。

内在理论认为法律对权利的限制不是权利之外对权利的限制，而是权利的自我限制，是整体权利对个别权利的限制。在内在理论的逻辑中，公共利益不是外在个人权利的法益，而是权利构成要件自身，是权利的自我限缩，所以不存在公共利益高于个人利益的危险。内在理论虽然不区分"权利的构成"和"权利的限制"，但"权利的限制"是"权利保障范围"问题之后的问题。内在理论中的权利都有自然界限但同时亦有其自然的保障范围，无论立法机关怎样描述和界定

❶ 王泽鉴：《民法物权（1）：通则·所有权》，中国政法大学出版社 2001 年版，第 159～160 页。

❷ ［德］拉伦茨著，谢怀栻译：《德国民法通论（上）》，法律出版社 2003 年版，第 53 页。

❸ Lametti. The Concept of Property: Relations through objects of social wealth. *University of Toronto Law Journal* (*Fall*), 2003

该项权利在其本性上的必然界限，该项权利的一些基本内容是始终被保障的。

内在理论认为权利自始有一个"固定范围"，这个固定范围就是权利在其社会属性上的有限性。然而这个固定范围的确定是要将权利放在社会秩序中去讨论，其论证是社会学的，它是超法学层面的东西，我们无法在法律的权利条款中找到固定范围的依据，从这个意义上，将固定范围作为法学层面上的权利构成要件是不妥当的，也是严谨的法学学理所不能容纳的。而且内在理论在讨论权利构成时，极有可能先验地、人为地把一些事项作为权利本质上不能包括的内容，过早地将一些本来可能成为权利内涵的事项武断地排除了，造成一种权利虽然可能得到保障但权利保障的范围严重限缩。因而它存在的问题是很明显的。

（二）权利限制的外在理论

外在理论（external theory）认为权利限制乃是权利之外对权利的限制。德国学者科恩（Friedrich Kein）认为权利是一种先于国家、法律而存在的固有事物，由此固有本性反映出的权利范围就是权利边界，国家法律可以在权利外部设置限制。[1] 权利限制意味着存在两个事物——权利和限制。所谓权利是指本义上的权利，这项权利是没有限制的，接着存在一个经限制后而存在的权利，这个权利可被称为受限制后的权利。在外在理论看来，尽管一般意义上，权利是应该受限制的，但权利本身完全可以以无限制的状态而存在，限制与

[1] 张平华："私法视野里的权利限制"，载《烟台大学学报（哲学社会科学版）》2006 年第 7 期。

权利并无必然联系，只有当要求某个人的权利与其他人的权利或者公共利益和谐相处时，这种联系才凸现出来。[1] 按照这种理论理解，法律所保护的利益除了个人利益之外还应包括公共利益。个人利益与公共利益是两种不同的法益，个人利益和公共利益存在冲突的可能，这就需要立法者为了实现公共利益目标而对权利加以限制。由于公共利益是不同于个人利益的法益，所以法律对权利的限制是从外部对权利进行限制。

外在理论采用“权利与限制”二分的方法来界定权利概念，认为权利与限制是两个不同概念，权利概念本身不包括权利限制。权利的定义应着眼于权利自身，权利与利益密切相关，至于法律限制系来自权利外部而非权利自身本质要求。外在理论下的权利不排除基于保护他人正当利益或公共利益而对所有权作必要的限制，但在现代社会里，日益增加的权利限制只是反映了所有权自由、利益的量上而非质上的变化，绝不能由量上的变化而导出概念之本质。非惟如此，将法律限制纳入所有权概念中，将会使得公权力过分介入所有权之私的领域。[2]

外在理论明确区分“权利”和“权利的限制”。在它看来，针对某项权利，我们首先必须解决的是权利的构成问题，也就是确定哪些人是该项权利的主体，哪些行为是该项权利保障的对象，这时候权利的范围是宽泛的、没有边界的、存

---

[1] Robert Alexy. *A Theory of Constitutional Rights*. Oxford University Press, 2002: 178 ~ 179

[2] 王泽鉴：《民法物权（1）：通则·所有权》，中国政法大学出版社 2001 年版，第 159 ~ 160 页。

在无限可能性的。接下来再讨论“权利的限制”问题，也就是通过考量个人利益、公共利益或他人利益，去确定什么样的权利主张不能得到支持，这样权利的范围才被确定下来。

外在理论认为法律对权利的限制是权利之外对权利的限制。它明确地把“权利的构成”和“权利的限制”区分为两个不同层次的问题，逻辑非常清晰，论证上亦不像内在理论那样复杂而神秘。在外在理论的逻辑中，公共利益是外在于个人利益的法益，又是限制个人利益的理由，这就很容易导致公共利益高于个人利益、公共利益绝对而个人利益相对的认识。而且由于公共利益与个人利益存在不一致性，无论在立法、执法还是司法层面，对相互冲突的公共利益与个人利益进行比较衡量时，公共利益被认为优位于个人权利的可能性极大，在优势的公共利益面前，个人权利的内涵就有被彻底掏空的危险。

在权利限制理论的问题上，我国有学者通过回顾20世纪以来的立法和判例学说，认为对权利的限制有内部限制和外部限制两种。所谓内部限制，以《德国魏玛宪法》第153条[1]规定的所有权负有义务为滥觞，认为权利本身包含义务，权利应为社会目的而行使。所谓外部限制，是在承认并保障权利的不可侵犯性、权利行使的自由性的前提下，以公法的措施适当限制权利的不可侵犯性，以民法上的诚实信用原则、权利滥用之禁止原则及公序良俗原则限制权利行使之自由

[1] 《德国魏玛宪法》第153条第3款规定：“所有权为义务，其使用应同时为公共福利之役务。”转引自董云虎、刘武萍编著：《世界人权约法总览》，四川人民出版社1993年版，第324页。

性。[1]对于权利限制的内部限制和外部限制两种方式，梁慧星认为，内部限制混淆了权利与义务的界限，最后发展为对个人利益和个人权利的彻底否定。学说上提倡对权利的内部限制，目的在于实践公益优先的原则，必要时牺牲个人利益以维护社会公益。但社会公益有真伪之别，所谓内部限制很容易成为借社会公益之名以剥夺个人权利的理论依据。他认为，通过对权利的外部限制，可以较好地协调个人利益与社会利益，这是现今法治国家的通行做法。可以看出梁慧星是主张采用外在限制理论来对权利进行限制的，但他认为内部限制很容易成为借社会公益之名以剥夺个人权利的理论依据的说法值得商榷。在笔者看来，外在限制理论才存在公共利益优位于个人权利的可能性，才存在借公共利益之名剥夺个人权利的危险，这一点本人前文已经论述。与此不同，公丕祥则是内在限制理论的主张者。他认为，在社会人类学主体性意义上，权利的限制的问题更多地应当表现为内在的限制，而不应简单的归之于外在限制，并且“这种权利的内在限制，也不仅仅来自于处于一定生产方式内的权利受到自身赖以存在的生活条件的限制，而且也来自于社会主体自身的道德要求”。[2]他论证说，对权利的限制往往同主体的社会责任感或义务感密切联系在一起。权利本身内在地包含着责任的要素。从社会哲学的意义上讲，责任反映了社会主体对自己在社会生活中所处的地位和所起的作用的认识。个人的社会责任，意味着个人必须用社会中占统治地位的规范来衡量自己的行

[1] 梁慧星：《民法总论》，法律出版社2001年版，第286～287页。
[2] 公丕祥：“论权利的实现”，载《江苏社会科学》1991年第2页。

为及后果，其本质意义在于个人对社会的一定义务的认识以及所认识的义务的完成。显然，如果不认真研究主体的责任问题，就不能深入理解主体的权利及其实现过程。可见，他的论证超出了法学层面，因为他将对权利的限制同主体的社会责任感或义务联系在一起，容易导致权利范围的严重限缩，这样就会过早地将本来可能成为基本权利内涵的事项武断地排除掉。

二、知识产权的混合限制理论

在知识产权领域，我国有学者把知识产权限制分为狭义的知识产权限制和广义的知识产权限制两类。狭义的知识产权限制即知识产权的内部限制，主要指知识产权法自身规范的限制，包括对权利内容和权利行使的限制；广义的知识产权限制是指除知识产权的内部限制外，还包含民法基本原则和竞争法对知识产权滥用的限制，后者属于外部限制，是对权利行使的限制。❶ 另有学者认为，从权利限制的具体方式和采用规则的角度，我们也可以将知识产权限制分为内部限制和外部限制。当从部门法或学科的角度讨论问题时，按照某一学科领域的原则、规范、制度、方法等对权利进行的限制就是内部限制；在该学科之外的，概为外部限制。如此一来，由知识产权法自身规范进行的限制就是内部限制，而外部限制则以民法基本原则和反垄断法的限制为代表（广义上，外

❶ 冯晓青、杨利华等：《知识产权法热点问题研究》，中国人民公安大学出版社2004年版，第135页。

部限制尚包括来自其他公法部门及人权法等方面的限制）。❶

从上可以看出，我国学者在谈及知识产权限制问题时很少论及权利限制的理论依据问题，有时他们也谈内部限制和外部限制，但多是从权利限制的方式或类别的角度来谈的，与权利限制的内在理论和外在理论大相径庭。这正说明部门法理论与法学理论存在不一致和脱节的情况。

笔者认为，同公民的基本权利和民事权利相比，知识产权具有自身的特质，作为一种私权，一种民事权利，知识产权限制亦存在内在限制和外在限制的问题，但亦应有自身不同于其他权利限制之处。关于知识产权限制的理论依据问题，应从权利限制的理论中去寻找并论证它的正当性。在笔者看来，知识产权应采用内在理论和外在理论相结合的混合限制理论，以内在理论作为知识产权限制的主要理论依据，理由如下。

（一）知识产权法定主义观念要求将内在理论作为知识产权限制的主要理论

知识产权法定主义观念是相对于知识产权自然权利观念而言的。知识产权自然权利主张者认为，洛克的劳动理论是知识产权合法性的基础，劳动是知识产权的直接权源。由于现有知识产权法存在类型化不足的问题，因此应当由法官通过自由裁量，在利益考量的基础上，为原告创设某种知识产权特别法没有规定的权利。知识产权法定主义则认为，知识产权是一种由制定法赋予的权利，除了制定法外，任何人都

❶ 袁秀挺、郭芬："知识产权的法律限制体系"，载《电子知识产权》2003 年第 10 期。

不能为知识生产者创设特定的权利。知识产权制定法没有明确授予生产者的权利，也就是生产者不能享有的权利。在知识产权领域，必须对法律授予知识生产者的权利和知识生产者利益两者进行区分，并且知识产权法定主义观念必须贯彻到整个知识产权立法与司法领域中。[1]

笔者赞同知识产权领域必须坚持法定主义观念。首先洛克的劳动理论尽管为包括知识产权在内的财产权提供了一个抽象的权源，但它存在着一个劳动难以划分财产权特别是在没有实物形态的知识产品上设定的知识产权的边界问题。知识产品的非排他性特点使得某种知识产品被生产出来后，一公开就会脱离生产者个人的控制，劳动难以确定其边界；而且由于知识产品具有历史继承性，使得任何一种知识产品存在因为含有无限多的劳动而成为许多人共同所有的财产的可能。因而洛克的财产权劳动理论必须通过工具主义的制定法对其加以修正。其次知识产品在使用上和消费上不仅具有非排他性、非竞争性和非消耗性特征，同时还具有扩散性和历史继承性特征。知识产品的这些公共物品属性决定了知识产权的主体、客体和权利范围等重要事项的划定客观上都需要知识产权法定主义观念。制定法在确定知识产权主体、客体和权利范围时，既是一种确权和创权的过程，也是一个限权的过程。再次，从各国知识产权立法的历史看，尽管英美法系国家和大陆法系国家由于自身的法律传统、法律理念、立法技术等方面的原因导致其是否法典化的差别，但在知识产

[1] 李扬："重塑以民法为核心的整体性知识产权法"，载《法商研究》2006年第6期。

权问题上则没有什么分歧，几乎无一例外地都是采用单行制定法形式来保护知识产权，使知识产权法发展成为一个独立于有形财产权法的独特的法律体系。这说明知识产权从诞生之日起就表现出法定主义的特征。

权利限制的内在理论不承认先于法律而存在的自然权利，认为法律规制就是权利边界的基础，而权利限制的外在理论则认为权利是一种先于国家、法律而存在的固有事物，由此固有本性反映出的权利范围就是权利边界。在笔者看来，在权利限制问题上，如果人们持自然权利立场，就会主张采用外在理论；而如果人们主张权利法定主义，则会采用内在理论。反映在知识产权领域即是：知识产权自然权利论者会将外在理论作为知识产权限制的理论基础，而知识产权法定主义观念则要求将内在理论作为知识产权限制的理论依据。

（二）知识产权法的社会本位立场要求将内在理论作为知识产权限制的主要理论

国外有学者认为，在权利限制理论问题上，如果人们持个人主义立场，则会倾向于外在理论；如果人们更多地关注社会本位，则倾向于内在理论。[1] 个人主义在民法上表现为个人本位，社会本位立场在民法上表现为社会本位。

民法是私法。民法本位经历了从近代民法的个人本位向现代民法个人本位兼顾社会本位的转变。在20世纪以前，由于经济的相对不发达，人与人之间联系形式较少，财富上的差距较小，工业和科技发展造成的公害尚不严重，法律可以

[1] Robert Alexy. *A Theory of Constitutional Rights*. Oxford University Press, 2002：178～179

允许个人享有较大的行为自由，由此形成一系列通过个人享有较大的行为自由实现自然人人格平等的原则，如所有权绝对原则、契约自由原则、过错责任等。然而进入20世纪后，由于经济的迅速发展，大量新的交易形式被创造出来；超大企业的出现，使自然人个体之间在经济实力上形成了天壤之别；工业和科技的发展，使公害成为严重的社会问题。在这种情况下，如果再坚持根据20世纪以前情况制定的实现自然人人格平等的一系列原则，就无法真正实现自然人人格平等。为了在新的情况下实现自然人人格平等，法律将上述原则修正为：所有权绝对原则之限制，契约自由原则的限制，无过错责任原则的采用。这些修正简单地说就是社会加强了对个人的限制，这一过程被称为从个人本位到个人本位兼顾社会本位。社会本位与个人本位都是派生于自然人人格平等，与个人本位不同，社会本位是以各个自然人个体的抽象的总和为本位，社会本位对个人的限制较大。社会本位实质上亦是权利本位。[1]

知识产权法是民法的重要组成部分，本质上属私法，但与同属于民法的其他私法相比，它具有社会本位法特征。

首先知识产权是法律赋予知识生产者的“特权”，没有知识产权法就没有知识产权。虽然在没有知识产权法的情况下，知识产品的生产者亦可以作出发明创造，也会取得相关权利和利益，但它绝对不是具有独占性质的知识产权。而具有独占性质的知识产权，完全是国家权力介入的结果，这种介入使处于自然状态的发明创造权完全改变了性质。以专利权为

[1] 李锡鹤：《民法哲学论稿》，复旦大学出版社2000年版，第27~78页。

例，法律授予专利权人独占权实际上剥夺了作出同样发明创造的其他人实施该发明创造的权利，尽管它牺牲了个别人的利益，但换取的是社会更大的利益。知识产权制度的特点，使人们觉得这种代价是值得的。

其次，知识产权法授予知识产权人专有权，主要是基于社会目的的考虑，而不是主要维护知识产品生产者的个人利益。授予知识产权人专有权主要是为了达到两个目的：一是鼓励更多知识产品的生产者做出发明创造，二是换取知识产权人公开其发明创造技术。鼓励发明创造的方法很多，但其重要性和有效性都无法与法律授予知识产权人专有权这种方法相比。知识产权人可以借助知识产权法的帮助占领市场获得最大利益，这是知识产权人最希望得到也是最有效的。而公开发明创造技术，其他人就可以从中得到启发并以此为进入新技术领域的跳板，既省时又省力，这本身对社会技术进步的推动就有着非凡的意义。与其他法律不同，知识产权法的直接目的就是维护社会公共利益。

知识产权不是人人都享有的基本人权，它是为实现社会公益目标的有限权利，是一种政策性极强的权利。国外已有“知识产权怀疑论”、“知识产权僵化论”、“反知识产权论”三种思潮，[1] 也已经说明把知识产权作为一种纯粹的民事权利存在缺陷，对它必须加以严格限制。因而把内在理论作为限制知识产权理论的主要内容，不会有知识产权范围被限缩的担心。不可否认，在强调内在理论作为知识产权限制的主要

[1] 国外反知识产权的三种思潮见曹新明：“知识产权法哲学理论反思——以重构知识产权制度为视角”，载《法制与社会发展》2004 年第 6 期，第 68 ~ 69 页。

理论的同时，知识产权限制亦不能忽视外在理论一定限度的影响。因为依照内在限制理论对知识产权限制时很难准确确定权利的“固定范围”，对知识产权限制的法律规定多用列举方式因社会变化发展亦不可能穷尽和永远适应，因而亦需要运用外在限制理论规定“公共利益”条款来对知识产权进行限制。

知识产权法中个人主义方法论的运用使外在理论作为知识产权限制的理论成为可能。知识产权的私权本质和知识产权法的私法属性使得个人主义方法论在知识产权理论中占有一定地位。个人主义方法论是以个人作为学科分析的基点和基本研究单位，通过对单个人行为的分析，展开该学科的一般原理以及规律性问题。[1] Hamlin 认为，方法论上的个人主义包括三项基本命题：第一，人之个体乃是社会、政治和经济生活中惟一积极主动的参与者；第二，个人在进行决策的时候将为了自己的利益行事，除非受到强制；第三，没有人能够像利益者个人那样了解他自身的利益。[2] Weber 认为，个人及其有意味的行动是社会中惟一真实的实在，国家、民族、阶级、文化之类只不过是“单个个人的现实的或可能的社会行动的某种发展”而已。[3] 功利主义的鼻祖边沁也认为，“共同体是个虚构体，由那些被认为可以说构成其成员的个人组成。那么共同体的利益是什么呢？是组成共同体的若干成员

---

❶ 易军：“个人主义方法论与私法”，载《法学研究》2006 年第 1 期。

❷ A. P. Hamlin. Procedural individualism and Outcome Liberalism. in F. A Hayek. *Critical Assessments.* edited by J. C. Wood and R. N. Woods, Routledge, Vol. N. 1991: 19.

❸ Marx Weber. *Economy and Society—an Outline of Interpretive Sociology.* New York: Bedminster Press, 1968: 14.

的利益总和”；“不理解什么是个人利益，谈论共同体的利益便毫无意义。”❶ 密尔也曾指出：“国家的价值，从长远看，归根结底还在组成它的全体个人的价值。”❷ 照此看来，虽然个人主义方法论所涉的内容甚多，但都是以个人本体状态作为真正的实在而否认由个体组成的社会整体的实在性，都是将个人作为理论分析的基本单元的。

权利概念科学化亦在一定程度上要求将外在理论作为知识产权限制的理论依据。权利是法学中的核心概念，是一个包含多种要素，具有丰富内涵的概念。从这一点出发，人们可以从任何一个要素和层面出发去理解权利，也可以穷尽地去列举权利对象的特征。但是，如果按“穷尽地列举所描述对象的特征”的方式去界定权利概念，那么就需要全面列举和描述权利的所有属性，似乎也应该得出“自由和义务”是权利的双重属性的结论，也就会要求以“权利蕴含义务”或者“权利本质内含限制”的方法定义权利，权利限制的内在理论正是采用这种方法来定义权利的。但内在理论直接混淆了权利与义务的界限，不利于形成严密科学的权利概念体系。

权利概念理论的科学化要求定义权利时需依规范意志将法律概念所涵摄的对象区分为一般与例外，法律概念只反映一般的情形，排除例外。权利只能在核心区域被清晰地界定，它的外部则是不确定的。❸ 只有“一般”才能成为权利的本

---

❶ ［英］边沁著，时殷弘译：《道德与立法原理导论》，商务印书馆 2000 年版，第 58 页。

❷ ［英］密尔著，程崇华译：《论自由》，商务印书馆 1959 年版，第 125 页。

❸ Jeremy Waldron. *Right in Conflict* ［J］. Liberal Rights，1993：203，224.

质属性。权利理论的科学化“不要求概念设计者已掌握对象之一切重要的特征，而在于基于某种目的性的考虑（规范意志），就其对该对象所已认识之特征加以取舍，并将保留下的特征设定为充分而且必要，同时再将事实涵摄于概念之运作中，把其余之特征一概视为不重要。”❶ 按照这种路径，我们就会采用“权利和权利限制”二分的方法来界定权利，权利边界是权利应当固有的本质属性的体现，有权利必有边界；权利限制则是对权利固有边界的压缩，是从私人生活的外部，根据当事人的自愿，客观法秩序和社会公共利益的要求而不得不进行的设置，权利限制并非权利之必然，而为临时性手段，是针对特定情景采取的衡平措施。权利边界是较为固定的事物，是对权利内涵的保障；权利限制则是可变的、不确定的事物，是对权利外延的削减。在外在理论视野中，知识产权限制为知识产权权利概念中的非本质事物，属于权利概念中不重要的一部分。

由于外在理论存在公共利益被滥用的危险，因此在知识产权限制制度的立法过程中，应通过对公共利益标准和范围的界定、明确公共利益的认定方法和程序、对因服从公共利益需要而作出牺牲的知识产权人进行事先公正补偿等环节来限制公共利益，以使公共利益具有合法性。

当然，外在理论不能成为知识产权限制上的主导的理论依据。知识产权法定主义和知识产权法的社会法属性决定了在知识产权限制中选用外在理论只是在一定限度下进行。以

❶ 黄茂荣：《法学方法与现代民法》，中国政法大学出版社2001年版，第39页。

内在理论为主并辅之以外在理论的混合限制理论是知识产权限制的理论依据。

第三节　知识产权限制的基本特征

在西方历史上，众多政治哲学家和法学家都对权利限制问题进行了大量的分析。孟德斯鸠的“法律自由论”，密尔的“防止对他人侵害”学说，柯林的“国家有限干预论”以及德弗林的“法律道德主义”等学说都试图为社会（国家）限制权利与自由规定一个合乎理性和正义的准则。近现代各国的政治宣言、宪法和法律，也都从各自不同的权利价值学说和法律观念（包括法律传统）出发，为确立权利明确、具体的界限而对权利进行种种不同限制。[1]

何为知识产权限制？学术界的认识并不一致。郑成思认为：“权利限制，就其本质讲，指的是有的行为本来应属侵犯了他人的权利，但由于法律把这部分行为作为侵权的例外，从而不再属于侵权。因此，有些国家的法律中，把权利限制称之为专有权控制的行为之例外。”[2] 吴汉东认为，著作权限制是指法律规定著作权人对某部作品享有充分权利的同时，在作品的利用方面对社会必须履行一些义务。[3] 有学者在论及专利权限制时，认为专利权的限制包括专利的时间限制，以

[1] 王人博、程燎原：《权利及其救济》，山东人民出版社 2002 年版，第 209 页。

[2] 郑成思：“私权、知识产权与物权的权利限制”，载《法学》2004 年第 9 期。

[3] 吴汉东主编：《知识产权法》，中国政法大学出版社 2004 年版，第 88 页。

及专利权实施中的限制。[1] 还有学者这样给知识产权限制下定义："知识产权的权利限制是指基于公共政策的考虑，对知识产权的权利内容及权利行使所给予的合理的适当的约束。"[2] 上述关于知识产权限制概念的描述是从不同角度和范围进行的，有的对知识产权限制的概念作狭义解释，有的对知识产权限制作广义解释，这些理解都在一定层面反映知识产权限制的特征，广义的知识产权限制包括对知识产权内容和知识产权行使的限制；狭义的知识产权限制仅指对知识产权权利行使的限制，关于知识产权限制的定义，理论和实践中有时作狭义理解，有时作广义理解。本书所研究的知识产权限制，是主要指基于社会公共利益的目的，法定的知识产权例外及知识产权在行使过程中依法受到的进一步约束，包括知识产权的合理使用、法定许可、强制许可、权利穷竭等。

权利的行使，应依权利人的自由意志，原则上应不受干涉，罗马法上有"凡行使权利者，无论对于何人，皆非不法"之法谚，说明罗马法时代权利行使的绝对性。19 世纪末以来民法思想发生变化，权利被看做是社会的制度，其行使应有一定的范围。如果权利的行使完全无视他人及社会公共利益，自属违反权利存在的理由。权利行使应受一定限制成为现代公法的基本原则之一。所有权要受到限制，知识产权要受到限制，而且由于知识产权的无形财产权特征和较强的社会公益特征，使得对知识产权进行限制更为必要。知识产权与有形财产权不同，它是知识产权权利人因其创造性的智

[1] 刘春田主编：《知识产权法》，高等教育出版社 2003 年版，第 220 页。

[2] 陶鑫良、袁真富主编：《知识产权法总论》，知识产权出版社 2005 年版，第 222 页。

力成果而依法享有的对该无形的智力成果市场化利用的专有控制权，是对一定知识和信息传播的控制权。探讨知识产权限制的特征，大多是将其与有形财产权限制相比较进行的。有学者认为无形财产权限制的特征体现在以下三个方面：一是无形财产权的限制属于法定限制；二是无形财产权的限制对象仅涉及财产权利部分，不涉及人身权利方面；三是无形财产权的限制在制约知识产权人的利益的同时，对知识产品的使用人而言，则是一项法定的利益。[1] 也有学者认为知识产权限制具有自身特征：知识产权的权利限制一般是指知识产权中的财产权的限制，而不包括人身权的限制；知识产权的限制具有法定性；知识产权限制的有限性；知识产权的限制从知识产品的使用者的角度表现为对使用者的法定利益。[2] 这些特征的概括或多或少存在这样或那样的问题，笔者将以上面学者的看法为基础加以说明。

一、知识产权限制主要属法定限制，但也允许意定的权利限制存在

知识产权法定限制指的是国家通过法律对知识产权进行限制。国家通过法律对知识产权的范围、深度、期限、类别加以规定，这种限制主要是为了消除知识产权人的利益与他人利益和公共利益的冲突。由于知识产权限制会对知识产权人的利益产生实质的影响，因此，限制知识产权一般应以有

---

[1] 吴汉东、胡开忠：《无形财产权制度研究》，法律出版社2001年版，第95～133页。

[2] 国家知识产权局知识产权发展研究中心组编：《规制知识产权的权利行使》，知识产权出版社2004年版，第129～230页。

法律规定为前提。法定限制一方面表现为通过明确具体的法律规则来对知识产权进行限制，如地域限制、时间限制、合理使用限制等，另一方面表现为通过抽象的社会公共利益原则对知识产权人的权利进行限制。知识产权限制法律规则和法律原则都是知识产权法的组成部分，知识产权限制的法定性要求对知识产权的限制以不损害知识产权人的合法利益为前提。

知识产权意定限制指的是知识产权人以单方同意或者与他人订立协议的方式承受他人在自己权利上设置的负担。意定限制以合同或单方行为为法律形式，本身属于权利人行使权利的方式。知识产权人可以依个人意愿对自己享有的权利施加一定的限制，知识产权人可与相对人协议约定相对人在约定范围内，以约定的方式使用权利人的知识产权，权利人不得干涉，必要时还须予以协助。美国“开放源代码首创行动组织”发布开源软件许可证和“知识共享组织”向公众免费提供许可协议是近年知识产权意定限制的两个典型事例。[1]

---

[1] 1988年，Perens和Raymond等人在美国加利福尼亚州发起设立一个非营利组织“开放源代码首创行动组织”（OSIA），目的是尽可能统一开源软件的认证标准。OSIA从软件许可入手，结合证明商标的使用，成为开源软件认定、发布的权威组织。截至2006年3月，OSIA发布的开源软件许可证共计58种。开放源码软件受著作权保护，软件作者放弃修改权、保护作品完整权以及复制权等部分权利，包括署名权在内的其他权利仍属于原作者。知识共享组织是一个同时附属于斯坦福大学和哈佛大学的非营利组织，该组织以知识共享为理念，在现有的法律框架下通过向公众免费提供知识共享许可协议，由权利人自己来对其作品的使用做出放弃哪些权利，保留哪些权利的决定。权利人通过许可协议对自己享有的权利作出限制，使用人在协议约定的范围内使用作品不构成侵权。

二、知识产权限制一般是指知识产权中的经济权利的限制，但也包括精神权利的限制

知识产权既包括经济权利亦包括精神权利，对知识产权的限制主要指对经济权利的限制。对知识产权人经济权利的限制大体有合理使用、法定许可、强制许可、权利穷竭、公共秩序保留，以及时间限制、地域限制，等等。

对知识产权的限制还包括对精神权利的限制，这在著作权中的表现较为突出。著作人身权不是绝对至上的，当然也会受到而且也应该受到各种各样的限制。作者发表意思的推定、同意发表的拟制、发表的强制、作者死后的发表权都是对作者发表权的限制；在作者不明、不便署名或没有必要署名、非公开使用的情况下，作者的署名权也不得不受到限制；著作权人许可他人将其作品摄制成电影的，视为已同意对其作品进行必要的改动的规定[1]以及为了把软件用于实际的计算机应用环境或者改进其功能、性能，软件复制品所有人有权作必要的修改的规定[2]是对著作权中保护作品完整权的限制。“限制作者的精神权利，目的是掌握作者权利与使用者（及公众）利益的平衡。在数字化时代，这尤其重要。否则与数字化、网络相关的经济就难以发展，创作‘多媒体’产品等就几乎不可能”。[3]

[1] 《中华人民共和国著作权法实施条例》第10条。

[2] 《中华人民共和国计算机软件保护条例》第16条。

[3] 郑成思：“私权、知识产权与物权的权利限制”，载《法学》2004年第9期。

三、知识产权限制可分为一般情形下的权利限制和紧急情况下的权利限制

一般情形下的权利限制在一般情形下适用。一般情况下的知识产权限制主要解决知识产权人的权利与他人权利冲突的问题。知识产权中存在的时间限制、地域限制，著作权的合理使用、法定许可等规定都属于一般情形下的知识产权限制，这种限制在一般情况下对知识产权普遍适用。紧急情况下的知识产权限制适用于紧急情形，主要是在国家遭遇紧急状态时对知识产权的权利限制。国家权力是实现公民权利的工具，本不具备优先于公民权利的地位，而在国家遇到公共紧急状态、国家灾害或战争的条件下，国家可行使自卫权，国家权力具备绝对优于公民权利的地位，这被称为“权利克减”或“紧急失权”。[1]无论是“权利克减”还是“紧急失权”，都不是对知识产权的完全否定，而是指遭遇紧急状态时国家可以对知识产权人的权利进行较大程度的限制。基于社会公共利益原则而限制知识产权，如强制许可规定，主要就是适用于紧急状态的情形。紧急状态下知识产权限制主要解决知识产权人的权利与社会公共利益的冲突问题。

当然，基于紧急状态下而存在的知识产权限制不能导入非紧急状态，不能适用于知识产权限制的正常情形，紧急状态下的知识产权限制有着特定的社会公共利益立法目的。它的适用相对于一般情况下的知识产权限制是一种例外情形。

---

[1] 莫纪宏、徐高：《紧急状态法学》，中国人民公安大学出版社1992年版，第243页。

四、知识产权限制对知识产权人而言是一种利益制约，而对知识产品的使用人而言则是一种法定利益

法律权利是法律保护的利益。“法律对权利主体资格和行为自由的限制仅仅是手段，而对权利包含的利益本身进行的限制，才是限制权利的实质和目的”。[1] 知识产权的权利限制实质上是对因知识产品而产生的利益的限制，多数时候表现为对知识产权人财产利益的限制，有时又表现为对知识产权人精神利益的限制。而这种对知识产权人利益的限制能使知识产品使用人从中获得利益。以作品的合理使用为例，“合理使用是使用人对他人著作财产权利的一种利用，表现为使用人对他人的版权作品所享有的不经同意，不必付酬而加以利用的某种利益”。[2] 也就是说，知识产权限制对知识产品使用人而言表现为知识产品使用人对知识产权的一种利用，是对知识利益的一种制约，制约的结果使知识产权使用人获得某些利益，从而体现知识产权法对利益的公平分配和合理分享，从而实现知识产权法的公平正义价值。

五、知识产权限制是知识产权法的组成部分，对知识产权限制的反限制属知识产权限制的内容

知识产权作为一种专有权（exclusive right）或垄断权（monopoly right），其含义是指知识产权人对其创造的知识产品或在经营管理活动中取得的知识经验或标记根据法律的规

---

❶ 汪太贤：“权利的代价——权利限制的根据、方式、宗旨和原则”，载《学习与探索》2000 年第 4 期。

❷ 吴汉东：“论合理使用”，载《法学研究》1995 年第 4 期。

定享有的排他使用权。任何人未经权利人允许，都不得使用权利人的智力成果（法律另有规定的除外）；对于同一智力成果，不允许有两个以上的同样权利并存。[1] 为了激励知识产品的生产和传播，法律应当明确赋予知识产品创造者一定范围的专有权，并加强对知识产权的保护，知识产权的保护是知识产权法非常重要的组成部分。由于作为知识产权客体的知识产品具有私人产品和公共产品的双重属性，使得知识产权具有较强的社会性。知识产权法一方面要保护知识产权人的利益，另一方面要保护社会公众对知识产品的利用，在赋予知识产权人排他性权利的同时，也相应地对这种权利给予合理限制，知识产权的限制亦是知识产权法的组成部分。与其他权利限制不同，知识产权法往往有专章知识产权限制的规定，对知识产权的专有范围和程度一般均作出明确限定，使知识产权作为专有权只在一定的时间和地域范围内才发生效力。

知识产权限制的主要原因是因为知识产权人对知识产品的专有利益与社会公众对知识产品需求利益存在冲突。知识产权限制从本质上说是划定知识产权的权利边界，因而要求限制知识产权的条件必须合理。知识产权限制应以不妨碍知识产权的实现为原则，知识产权限制本身不是目的。“自由只有为了自由本身才能被限制”。[2] 限制知识产权本身不是为了阻止知识产权这种专有权的实现，而是为了更好地使权利得

[1] 刘春茂主编：《中国民法学·知识产权》，中国人民公安大学出版社1997年版，第8页。

[2] ［美］罗尔斯著，何怀宏、廖申白译：《正义论》，中国社会科学出版社1988年版，第234~235页。

到实现。知识产权的私权本质决定了在对知识产权进行权利限制的同时，也要对知识产权限制本身加以限制，特别是运用社会公共利益原则限制知识产权时，必须规定严格适用的条件和程序，如对权利限制不能超过一定的限度、权利限制不能影响权利的正常行使、权利限制不能无故损害知识产权人的利益等。对知识产权限制的反限制是知识产权限制的内容，也是知识产权限制制度中必须注意的一个重要问题。当然，知识产权的界限也不是固有的，因为利益衡量也不是恒定的，技术的发展引起的经济利益格局的变化以及这种利益格局的变化所导致的知识产权保护政策的变化，会使不同时期不同国家知识产权限制制度不完全统一，一国知识产权限制制度往往会体现一国的经济发展水平所决定的知识产权保护政策，这一点在理解知识产权限制的特征时应当明确。

第四节 本章小结

本章是知识产权限制的基础理论方面的内容。作者首先从知识产权权利属性认识入手论及知识产权限制的基本理论问题。本书不赞成知识产权学界一些学者的知识产权公权性质或公权化的提法，因为公权性质或公权化的提法容易让人产生知识产权正在从私权利向公权力转变的看法，而事实上，私权利与公权力有明显的区别。知识产权本质上是一种私权利，只是与一般私权利相比，知识产权具有较强的公共利益属性，是一种具有较强公共利益属性的私权利，也正因如此，知识产权限制才成为必要。认清知识产权的权利属性，是探讨知识产权限制制度的建立和完善的前提。权利限制有内在理论和外在理论两种。内在理论认为权利限制实际上是依权利自身性质产生的限制，是存在于权利自身之中的限制；外在理论认为权利限制乃是权利之外对权利的限制。内在理论和外在理论各有其特点。知识产权学者在论及知识产权限制问题时很少谈及知识产权限制的理论依据问题，这正说明知识产权部门法理论与民法理论甚至是一般法学理论常常脱节。本书认为，就具体的知识产权限制制度的规定而言，同一限制规定从一个角度看属于内在限制，从另一个角度看可能属于外在限制。用限制理论来指导限制制度建设并不是非此即彼的问题，并不是仅能在内在限制理论和外在限制理论二者选一的问题。本书提出了知识产权限制应采用以内在理论为主兼顾外在理论的混合限制理论，并对这一理论进行了论证，同时论述了知识产权限制的基本特征。

第三章　知识产权限制的原因分析

知识产权限制与知识产权滥用、知识产权利益平衡、知识产权冲突等一些范畴看似无直接联系，但是如果把它们进行梳理并统一在知识产权限制原因之下就会发现情况并非如此。在论述知识产权限制原因时，不同学者可能作出不同回答。有的学者认为知识产权滥用是知识产权限制的原因，也有学者认为知识产权利益平衡是知识产权限制的原因，但笔者认为知识产权冲突是知识产权限制的原因。研究知识产权限制问题，必须厘清知识产权限制与知识产权滥用、知识产权冲突、知识产权利益平衡三者的关系，并回答知识产权限制的原因问题。

第一节　知识产权限制与权利滥用

一、知识产权滥用行为的性质

知识产权人所享有的权利，由于人的主观意志尚未发挥作用，因而总是循规蹈矩的。知识产权人所行使的权利情况则有所不同，由于权利人的意志有着对权利的识别和能动作用，所以知识产权人运用权利过程中有着突破知识产权界限的可能，这就容易产生知识产权滥用问题。知识产权是一种民事权利，是私权。这是世界贸易组织《与贸易有关的知识产权协议》（TRIPs 协议）所明确承认的基本原则。与任何其他权利一样，知识产权也存在被滥用的可能。

权利的行使必有一定界限，超过正当的界限而行使权利，即为权利滥用。法学理论中亦有关于权利滥用概念的分析。[1]笔者认为，这些关于权利滥用的一般分析完全适用于知识产权。

知识产权滥用是知识产权的权利人在权利行使过程中故意超越知识产权界限损害他人或社会公共利益的行为。知识产权滥用必须同时满足以下四个构成要件：第一，知识产权滥用的主体是正在行使知识产权的权利人。对知识产权滥用的主体作如此限定，可以把单纯的知识产权违法行为与知识产权滥用行为区分开来。说到底知识产权滥用是一种知识产权违法行为，但它与知识产权一般违法行为有着阶段性区别，知识产权滥用的第一阶段是权利行使阶段，属于合法阶段，只是知识产权人行使知识产权的行为超越了知识产权界限才进入违法阶段，所以知识产权滥用的主体具有两重性，他首先是以合法面目出现的，其次才成为违法人。第二，知识产权滥用的客体是他人利益和社会公共利益。权利关系是不同利益群体的利益关系的法律表现，损害任何法定权利都将打破符合立法者要求的利益平衡，知识产权滥用的违法性正是从客体上去认定的。第三，知识产权滥用的主观方面是知识产权人有损人利己的故意。知识产权滥用中不存在过失问题，权利界限既然是已知的，就无法辩解为过失行使权利。知识产权滥用是知识产权人主观上追求一种损害的发生而行使权

[1] 张文显主编：《法理学》，高等教育出版社 2003 年版，第 118 ~ 119 页。

利的行为或者说是知识产权人为了自我利益而以不正当方式行使知识产权的行为，不管是主观上追求一种损害或是为了自我利益，都说明知识产权滥用中有损人利己的故意。第四，知识产权滥用的客观方面是有危害他人利益或社会公共利益后果发生的行为，包括追求权利超过法定量的行为、以不正当方式维护自己利益的行为、行使权利时牺牲他人权利的行为、把行使权利作为损害他人的手段的行为等。

知识产权滥用行为为知识产权侵权行为的一种，但知识产权滥用行为与一般知识产权侵权行为有别。这主要体现在：第一，构成知识产权滥用，须有正当知识产权存在，且属于知识产权权利行使或与权利行使有关的行为；而一般知识产权侵权行为事先并无正当知识产权存在而加损害于他人，不属于知识产权权利行使或与权利行使有关的行为。第二，知识产权滥用禁止之立法目的，在于对知识产权予以规制，通过对知识产权滥用的禁止或制裁以维护社会公共利益或他人利益；而一般知识产权侵权行为并无规制知识产权滥用的目的。第三，知识产权滥用以当事人有损害他人或社会公益者权利为要件，在行使知识产权时仅仅因为过失造成他人或社会公共利益损害的，尚不构成知识产权滥用；而一般知识产权侵权行为不以故意为要件，仅因过失侵害知识产权人合法权益亦可构成侵权。

二、知识产权滥用的禁止与规制

知识产权滥用是知识产权权利人在行使权利过程中故意超越知识产权界限损害他人利益或社会公共利益的行为，是知识产权人实施的一种违法行为。关于知识产权滥用的种类，有学者作类型化分类将其划分为滥用市场支配地位（包括拒绝许可、搭售、价格歧视、掠夺性定价、定价过高），知识产权许可中的联合限制竞争，企业结合中的知识产权控制行为，知识产权标准垄断等4类。[1] 这是从反垄断法自身的特点和内容出发对知识产权滥用行为进行分类，认为知识产权的滥用行为主要有拒绝交易、搭售、在标准制定过程中滥用知识产权、价格歧视、向交易另一方收取过高的使用费、滥发侵权警告函和滥用知识产权诉权等6种形态，[2] 但这些分类都存在一定的问题。知识产权垄断行为属知识产权滥用，但并不能涵盖知识产权滥用行为的全部，有些知识产权滥用行为并不是知识产权垄断行为。而采用列举方法列举的知识产权滥用6种形态或许是知识产权滥用的主要形态，但知识产权滥用的具体形态可能远非这些。在对权利滥用进行类型化分析时，《国际比较法百科全书》根据各国立法、司法实践中所出现的权利滥用的实态，[3] 概括了具体认定权利滥用的6项标准，包括故意损害、缺乏正当利益、选择有害的方式行使权利、损害大于所取得的利益、违背权利目的以及违反侵权法一般原则等。[4] 在论及权利滥用的类型时，有学者将权利滥用的类型归纳为以下7类：即恶意损害他人之滥用行为；违背权利目的之滥用行为；于己无益之滥用行为；损害大于所获取的

---

[1] 冯晓青、杨利华等：《知识产权法热点问题研究》，中国人民公安大学出版社2004年版，第194～199页。

[2] 沈木珠、周倩倩："论对知识产权滥用的限制"，载《政治与法律》2005年第4期。

[3] 有关权利滥用的实态，史尚宽先生概括了19种之多。详见史尚宽：《民法总论》，中国政法大学出版社2000年版，第718页。

[4] 钱玉林："禁止权利滥用的法理分析"，载《现代法学》2002年第1期。

利益之滥用行为；与所引起信用相违背之滥用行为；损害超过可忍受程度之滥用行为；特殊滥用行为。[1] 我国《反垄断法》将垄断行为划分为经营者达成垄断协议，经营者滥用市场支配地位，具有或者可能具有排除、限制竞争效果的经营者集中等几种。这些分类自然也应适用知识产权之滥用，无论对知识产权滥用行为如何分类，有一点是明确的，知识产权滥用行为是知识产权人滥用知识产权的行为，它与知识产权人违反法律规定的义务一样，都属于知识产权违法行为，是法律禁止的行为。相对于其他权利而言，由于知识产权是一种具有垄断性质的私权，它更容易被滥用，因而禁止知识产权滥用亦成为知识产权法的一项基本原则。

知识产权滥用是知识产权违法行为，知识产权的权利人如果构成知识产权滥用，在法律上理所当然应给予否定性评价。但知识产权滥用行为究竟引起什么样的法律后果，知识产权学界少有人涉及。民法学者在探讨禁止权利滥用时有论及。有学者认为，权利滥用的法律后果包括失权、限制权利、行为无效、承担民事责任等；[2] 有学者认为权利滥用行为在法律产生何种后果，不能一概而论，应视具体案情来定，主要有行为无效、停止滥用、损害赔偿、限制权利、剥夺权利等。[3] 在这里，法律给予的是否定性评价，限制权利成为权利滥用的法律后果之一，停止滥用行为和进行损害赔偿则是权利滥用的两种主要责任方式。这两种主要责任方式同样适用于知识产权滥用导致的法律后果。知识产权学界有学者认为

---

[1] 汪渊智："论禁止权利滥用原则"，载《法学研究》1995 年第 5 期。
[2] 钱玉林："禁止权利滥用的法理分析"，载《现代法学》2002 年第 1 期。
[3] 汪渊智："论禁止权利滥用原则"，载《法学研究》1995 年第 5 期。

为了防止知识产权的滥用，知识产权的行使就要受到一定的限制。[1] 学者多次提到知识产权滥用的（法律）限制问题，认为知识产权法自身规范的限制是从知识产权内部来解决滥用问题的情形。另外，知识产权滥用还受到民法基本原则的限制。有学者认为，无论是知识产权法自身规范还是民法基本原则对知识产权滥用的限制，都属于在民商法范围内的限制，这种限制由于受到民商法自身性质和手段的局限，还不足以解决知识产权滥用的更深层次问题。而属于经济法范畴的反垄断法对知识产权滥用的限制就可以在此基础上进行更高层次的限制，而且极力主张建立和完善我国以反垄断法为核心的限制知识产权滥用的法律制度。[2] 另有学者还专门以《论对知识产权滥用的限制》为题对知识产权滥用行为进行限制的合法性与紧迫性、各国限制知识产权滥用的立法经验、我国限制知识产权滥用采取的对策等方面展开探讨。[3] 还有学者认为，对知识产权滥用的限制成为知识产权法与反垄断法之间的连接点。[4] 笔者这里不去关注上面学者们论及的具体内容，只是通过他们的论述似乎可得出知识产权滥用是知识产权限制的原因的结论，而这种结论的得出是因为学者们把对知识产权的限制误认为是对知识产权滥用的限制，没有区分知识产权限制和对知识产权滥用的限制，没有区分知识产权限制和对知识产权滥用的法律规制（或控制）等概念造

---

[1] 王先林："知识产权滥用及其法律规制"，载《法学》2004年第2期。

[2] 王先林："关注知识产权滥用问题"，载《安徽科技》2004年第3期。

[3] 沈木珠、周倩倩："论对知识产权滥用的限制"，载《政治与法律》2005年第4期。

[4] 冯晓青、杨利华等：《知识产权法热点问题研究》，中国人民公安大学出版社2004年版，第190页。

成的。

前面已经提到，知识产权限制有广义、狭义两种解释。广义的知识产权限制包括对知识产权内容范围和知识产权行使的限制，狭义的知识产权限制即本书所论及的知识产权限制仅指对知识产权权利行使的限制。无论是广义的知识产权限制还是狭义的知识产权限制，限制的都是知识产权本身。知识产权本身是法定的权利，是合法的权利，只是由于知识产权人行使权利可能损害他人利益或社会公共利益，法律才对知识产权人的权利范围加以限制，限制知识产权本身不是为了阻止知识产权这种专有权的实现，而是为了更好地使权利得以实现。而知识产权滥用属违法行为，是知识产权侵权行为的一种，侵权行为会对侵权人产生不利的法律后果，侵权人会因此而承担法律责任，对这种违法行为法律可以加以规制。法律可以规定哪些行为是知识产权滥用行为，明确告知知识产权人这些行为是法律所禁止和反对的，知识产权人实施了知识产权滥用行为会承担怎样的法律责任，接受怎样的法律制裁，以防止知识产权滥用行为的发生。对知识产权滥用不是加以限制而是加以规制或控制的问题，在这里限制和规制是两个内涵和外延并不相同的概念，不能混用。有的学者对此不加区分，时而用知识产权滥用的法律限制，时而用知识产权滥用的法律规制，❶ 这样极易在理论上造成混乱。

---

❶ 就基本相同的内容，王先林在《关注知识产权滥用问题》（《安徽科技》2004 年第 3 期）一文中用“知识产权滥用的法律限制”，而在《知识产权滥用及其法律规制》（《法学》2004 年第 4 期）一文中用的是“知识产权滥用的法律规制”。在他看来，法律限制与法律规制似乎是完全相同的概念。

三、知识产权滥用与限制的关系

在论及权利问题特别是权利行使问题时，学者们一般均会涉及权利滥用、权利界限、权利限制等问题。[1] 因为在他们看来这些问题不仅密切相关而且亦有探讨的必要。知识产权学者在论及知识产权行使问题时，则更多地涉及知识产权滥用、知识产权限制、知识产权滥用的规制等问题。[2] 这里，权利滥用与权利限制或者说知识产权滥用与知识产权限制是其中两个非常重要的概念，由于对这些概念，学者更多地只管使用而不加以区分，有时甚至混用，使得学者常常探讨相同概念问题但并非同一路径，因而有必要对一些基本概念进行厘清。这里笔者主要探讨知识产权滥用与知识产权限制两个概念的关系。

第一，知识产权限制是特定的主体依照一定的程序规定知识产权的范围，约束知识产权人不许超越。权利限制表明权利的行使、权利的内容等要受到一定的制约。进行知识产权限制的主体，是立法主体，是有权主体，知识产权限制行为是合法行为，是受法律肯定和保护的行为。知识产权滥用是知识产权权利人在行使权利过程中故意超越知识产权界限

---

[1] 杨春福在其《权利法哲学导论》（南京大学出版社2000年版）一书的第五章权利运行论的第二节探讨的是“权利滥用与限制”；徐显明在论及权利和义务（张文显主编：《法理学》，高等教育出版社2004年版，第9章）权利的行使中亦有“权利行使的限制和权利滥用之禁止”等内容。

[2] 王晓晔使用“知识产权滥用行为的反垄断法规制”（《法学》2004年第3期）；王先林使用“知识产权滥用法律限制（规制）”（见上面的注释1）；沈木珠使用“知识产权滥用的限制”（《政治与法律》2005年第4期）；袁秀挺、郭芬使用“知识产权的法律限制”（《电子知识产权》2003年第10期）。

损害他人或社会公共利益的行为，是知识产权人实施的一种违法行为，知识产权滥用的主体是知识产权人，是享有知识产权的权利人，知识产权滥用行为是违法行为，是法律所禁止和反对的行为，这是两者在行为主体和行为性质方面的区别。

第二，在行为原因和目的方面，知识产权滥用行为的原因是人的本性。“一切有权力的人都容易滥用权力，这是亘古不变的一条经验，有权力的人使用权力一直遇到界限的地方才休止”，[1] 孟德斯鸠的论断已被历史证明。它不仅适用于权力滥用，其哲理内含同样适用于知识产权权利滥用。无论是权力还是权利，在本质上均可归结为利益，而“趋利避害”乃人之常情。利益驱动机制的既存以及人性欲望的难以遏止，使得权利与权力在享有者手中皆易泛滥成灾，知识产权也由此而容易被滥用。知识产权滥用行为的目的是阻止他人获利，而使自己获得最大利益。而知识产权限制行为的原因是权利的冲突，“在一个国家根据某种特定的理由取消或者限制权利之前，势必要问清楚这些限制性理由是否适当，而在所有的理由当中，权利冲突是最为充分的理由，换言之，对权利施以限制的最重要、最正当的理由就是为了避免权利冲突”。[2] 这种冲突包括知识产权与知识产权之间的冲突亦包括知识产权与其他合法权利、知识产权与社会公共利益之间的冲突。知识产权限制的目的是消解权利冲突，使知识产权人、其他

[1] ［法］孟德斯鸠著，张雁深译：《论法的精神（上册）》，商务印书馆 1982 年版，第 154 页。

[2] Ronald Dworkin. *Taking Right Seriously*. Harvard University Press, 1978: 194.

权利人和社会公众之间形成相互均衡的利益格局。

第三，知识产权滥用与知识产权限制两种不同的法律现象之间因知识产权界限而发生联系。知识产权界限指知识产权作为权利被知识产权法概括出来之后在现实生活中运行的界限，即知识产权在什么时间、在什么范围能够实现的界限，这种界限由立法者在法律中加以明确，有权利必有明确界限。知识产权人如果在知识产权界限范围内运用权利实现自身利益，这是为知识产权法所保护的；知识产权人如果超出知识产权界限范围运用权利，则是过度运用权利，构成知识产权滥用。知识产权限制的直接目的就是为了正确划分权利界限，合理分配权利，可以说知识产权限制是划定知识产权界限的手段和方法，是立法机关为确立知识产权界限而对知识产权内容范围以及知识产权的行使所作的约束性规定，理解了什么是知识产权权利限制，也就找到了解决知识产权界限问题的关键。

第四，权利滥用为法律所禁止和反对，禁止权利滥用成为法律的一项基本原则。有学者认为，禁止权利滥用，本质上是法律对私权行使的一种限制，体现了法律追求“矫正正义”和“分配正义”的目标。[1]事实上，尽管禁止权利滥用与权利限制在历史渊源上存在相通之处，两者均表现为对权利人行使权利受到了法律上的限缩，目的都不是缩小权利而是扩大权利，但是两者的区别还是明确的，最大的区别是：知识产权限制是作为一类具体制度出现的，即知识产权限制制度，它由许许多多的法律规范和具体制度组成，而禁止权

[1] 钱玉林：“禁止权利滥用的法理分析”，载《现代法学》2002年第1期。

利滥用则属于原则性要求，它具有一般条款的功能。当然禁止权利滥用亦可成为知识产权限制制度的一项基本原则。

第二节 知识产权限制与利益平衡

一、知识产权利益平衡理论

知识产权利益平衡理论的最基本主张是：知识产权法的立法目的、功能以及整个制度设计应着眼于平衡知识产权人的专有权利和社会公众权利、相关的个人利益与社会公共利益等社会多元利益之间的关系。其基本的内涵，一是以私权保护作为利益平衡的前提，以利益平衡作为私权保护的制约机制，在立法上进行权利义务的合理配置；二是以利益平衡原则贯穿整个知识产权法的解释和适用过程。[1]

从信息产权的角度看，知识产权可以看成是一定的信息财产、信息产权。在一个特定时期内，信息的容量总是有限的。在这个有限的信息量内，信息的专有和公有具有彼此消长的关系。专有成分太多，势必会给信息接近造成障碍，从而影响到公众信息的获取以及信息的自由流动，最终将妨碍知识产权制度的目的的实现；公有的成分太多，则会形成知识产权的弱保护，可能导致对信息的生产的原动力严重不足，从而造成信息的稀缺，最终也不利于社会效用实现最大化。[2]

[1] 任寰："论知识产权法的利益平衡原则"，载《知识产权》2005年第3期。

[2] 冯晓青：《知识产权法哲学》，中国人民公安大学出版社2003年版，第235页。

平衡论，特别是强调利益平衡的平衡论涉及在信息的生产、专有和信息的接近之间达成平衡。

知识产权利益平衡论者认为，知识产权法中的利益平衡包括知识产权法上权利和义务的总体平衡、知识产权人的利益与社会公众利益的平衡、知识产权人之间的权利义务的平衡，以及效率与公正之间的平衡等。从知识产权制度与相关制度协调的关系看，知识产权法的利益平衡还包括知识产权法本身和其他相关制度的平衡，其中特别相关的是知识产权法与公民获得知识与信息的宪法性权利的平衡以及知识产权保护与竞争、反垄断之间的平衡。另外就知识产权法本身看来，还存在国内层面的平衡和国际层面平衡的关系，其中特别重要的是南北国家之间知识产权的利益平衡关系。[1]

在知识产权利益平衡论看来，[2] 知识产权人利益与社会公共利益之间的平衡是知识产权利益平衡的核心内容。这主要因为：

第一，知识产权的利益平衡机制，是国家平衡知识产权人的垄断利益与社会公众接近知识和信息的公众利益以及在此基础上更广泛地促进科技、文化和经济发展的社会公共利益关系的制度安排。人类社会的创造性劳动在很早就有。进入阶级社会以来，智力创造者和使用者之间的矛盾和冲突一直存在。随着商品经济和科学技术的发展，这种矛盾和冲突表现愈来愈激烈，在客观上提出了以有效的方式加以协调的需要，于是知识产权制度在几百年前诞生了。这种制度，一

[1] 冯晓青：《知识产权法利益平衡理论》，中国政法大学出版社2006年版，第65~66页。

[2] 同上书，第66~74页。

开始就是作为平衡和协调知识创造者和使用者的利益关系，作为平衡知识创造者的垄断利益与社会公共利益的制度安排而出现的。知识产权法是在知识产权人的垄断利益与社会公众利益以及在此基础上更广泛的社会公共利益之间的一种利益分配、法律选择和整合，在整个知识产权法中，立法很明显地分为两块，即专有领域和公有领域。确定专有领域和公共领域的界限，需要考虑对知识产权保护的程度与知识产权人为社会所作的贡献。知识产权法赋予知识产品创造者一系列专有权利，以保障知识产权人因其创造性劳动成果对社会的贡献而应当获得的利益。同时，为了实现社会公共利益，知识产权法对知识产权这一专有权又作出了一系列限制。

第二，在保护知识产权人利益和社会公共利益之间实现平衡，是知识产权法实现其立法宗旨所必需的。“法律的目的是在个人原则与社会原则之间形成一种平衡。”❶“给予个人对权利主张以最大范围的欲求，也许必须同要求公益的论点进行平衡。”❷知识产权法的最终目的是通过保障知识产权人的利益的激励机制，促进知识和信息的广泛传播，促进经济的发展和科技文化的进步。知识产权法在创造者对其劳动果实的权利和未来创造者自由表达的权利之间探寻一个适当的平衡，并试图实现这样的目标。缺少知识产权的保护将会减少对创造的激励，而过度保护这种垄断权会限制公众获取与使用知识和信息，在知识产权制度的整个历史发展过程中，谋求知识产权人利益与社会公众利益的平衡一直没有停止过。

❶ ［美］E. 博登海默著，邓正来译：《法理学——法律哲学与法律方法》，中国政法大学出版社2004年版，第115页。

❷ 同上书，第470页。

在当代知识产权立法和知识产权国际公约中，实现知识产权私人利益与公共利益的平衡仍然是知识产权制度上永恒的主题。

第三，知识产权人利益与社会公共利益的平衡，还源于知识产权保护客体——知识产品具有私人产品和公共产品的双重属性，具有个人创造属性和社会公有属性。知识产品的公共属性很强，这在于知识产品的使用、消费没有排他性，在于知识产品需要由社会利用的社会属性。知识产品创造者创造知识产品不纯粹是为了个人使用。知识产品只有在社会中传播、使用才能发挥其应有的价值，也才能真正使知识产品所有人从对知识产品的创造中获得收益，无论是物质上的还是精神上的。从知识产品的最终归属看，知识产品创造的成果，在终极意义上是全人类共同享有的财富，或者说知识财富本质上是人类共有的，虽然知识产品的具体产生过程来源于人的创造性劳动，但这种财富的创造却离不开对前人智慧成果的借鉴和利用。一方面，需要防止将知识产品的个人占有绝对化，以免损害知识产品中的公共利益，扭曲知识产品生产的本质意义。另一方面，也要防止忽视个人创造性而片面强调知识产品的公共属性，影响知识创造的积极性和知识创造者的合法权益。

第四，在知识产权人的个人利益与社会公共利益平衡的过程和目标中，知识产品的生产与促进知识产品的传播和利用之间平衡是关键性内容。在当代，知识产权越来越被看成是一个功能性概念，它通过刺激人类的创造力发挥作用，而推广和传播知识以造福人类则是其重要目的。[1] 在知识产品的生产、流转、利用整个过程中，知识产品生产与传播和利用之间存在平衡与协调关系。在知识产权制度这种平衡协调机制中，知识产品创造者的利益是知识产品传播者和使用者实现其利益的前提，如果不保护知识产权人的利益，其他人的利益将变成无源之水。知识产权法通过授予知识产品创造者对知识产品法定的垄断权，除了从公平的角度考虑补偿创造者因其创造知识产品的行为对社会的贡献外，还具有通过利益的确保刺激知识产品创造的动因和功效。但如果保护的程度过高，过于强调知识产品创造者的知识产品垄断权，知识产权人就不再努力开发，其技术就会陈旧，其本身也会变得脆弱。保护的程度越高，对于知识产品传播和利用的限制就越大。知识产权人利益的实现归根到底依赖于知识产品的传播和利用，而知识产权人囿于自身条件不可能都能自由实施。过高的保护程度造成对知识产品传播和利用的限制反过来影响了知识产权人自身的利益。因此，确定知识产权的适当保护程度和范围，这也是协调知识产品生产与知识产品传播和利用之间的冲突，实现知识产权人利益和知识产品传播者、使用者等利用知识产品的公众的社会利益之间平衡的保障。

二、知识产权限制与利益平衡的关系

关于知识产权限制与利益平衡的关系问题，知识产权学界有一种看法认为，利益平衡是知识产权限制的原因。有学

---

[1] L. Ray Patterson, Stanley W. Lindberg, *The Nature of Copyright: A Law of Users' Right*. Sathens & London : the University of Georgia Press, 1991: 49 ~ 55.

者认为，利益平衡是知识产权权利限制的内在原理；❶ 另有学者将其表述为，私权与公益的平衡是知识产权限制产生的必然。❷ 无论采用何种表述，在探讨知识产权限制与利益平衡的关系问题时，学者不外是从知识产权专有性的确立、公益性原则对知识产权专有性的制约两个方面展开论述。

（一）知识产权专有性维护知识产权人利益

知识产权制度的保护对象是知识产品，知识产品有着区别于有形财产的独特特征。

首先，知识产品具有非物质性特点。知识产品的存在不具有一定形态，人们不能对之进行具体而实际的控制，它极易为若干主体同时占有、共同利用。知识产品这一特点使之容易脱离权利人的控制，不仅使权利人殚精竭虑创作的知识产品一无所获，而且依靠私人手段来排除他人占有和使用也极其困难，这就需要法律采取行之有效的手段来保护知识产品创造者的利益。这也就是知识产权的占有性一般来源于法律的直接规定或者国家授予的原因，同时也是知识产权区别于有形财产权的重要特征。在有形财产权制度中，权利人往往可以凭借对物的实际占有而进行利用，无须通过法律的授权。

其次，知识产品具有使用的非消耗性特点。知识产权的使用的非消耗性是指知识产品不会通过使用而被消耗掉，某个人的使用不会导致另一个人使用量的减少，也不会影响另

❶ 冯晓青、杨利华等：《知识产权法热点问题研究》，中国人民公安大学出版社2004年版，第117页。

❷ 吴汉东主编：《知识产权法》，中国政法大学出版社2004年版，第91页。

外一个人的使用。知识产品的流转虽然有交易成本，但现代技术却可以使知识产品以很低的成本被获取。换言之，尽管知识产品的最初开发是有成本或成本很高，知识产品的分配成本却可能是零或接近于零。在这种情况下，允许对知识产品的无限制的使用尽管能达到对智力资源最大限度利用的目的，但是如果没有利益激励，知识产品的创造者就会丧失生产知识产品的动力。通过赋予知识产品创造者一定范围和期限的专有权，就能极大地补偿知识产品创造者的劳动消耗，从而激发他人的创造热情。因此，在知识产权制度中，知识产品创造者的利益是知识产品传播、利用者利益存在的前提，如果不首先保护知识产品创造者的利益，其他人的利益将成为“无源之水，无本之木”。

（二）社会公益性原则对知识产权专有性的制约

知识产权是法律赋予知识产品创造者的一项专有权利，是私权，有关私法的一些通行原理当然适用于知识产权制度。与有形财产权不同的是，知识产权法在保护知识产品专有权的同时对知识产权的专有范围和程度作出了明确限制。而在有形财产权的利用方式上，法律往往不作事前限制而听凭权利人根据意思自治原则进行约定。换言之，在专有性涉及的独占性利用上，有形财产权所包含的独占性是绝对的，财产所有人行使对有形物的权利，既不允许他人的干涉，也不需要他人的积极协助，更无时间和地域限制；而知识产权专有性涉及的独占性是相对的，它的行使要受到法律限制，并且这种权利本身的独占性也只有在一定的时间和地域范围才发生效力。

在承认知识产权人对知识产品的专有权的同时，基于社会公共利益的考虑而对知识产权加以限制。这亦与知识产品自身特点密切相关。

首先，知识产品具有私人产品和社会产品双重属性。知识产品的个人创造性表明，知识产品是智力创造者体力和脑力活动的结晶，并在一定程度上体现了智力创造者的人格，在此意义上，知识产品是个人创造性劳动的产物。但从另一个方面讲，知识产品的诞生又是人类社会不断发展的产物，任何一件精神产品都是在继承前人优秀文化的基础上加以扬弃的结果，任何个人智力创造活动中都包含了社会性劳动，知识产品的创造以从人类共享的社会知识宝库中吸收养料为基础，知识产品因而具有社会性产品的属性。如果绝对地将知识产品视为个人的财富而排斥社会公共利益，不仅歪曲了知识产品产生的过程，而且会极大地损害社会公共利益。

其次，知识产权是具有垄断性的专有权利。尽管我们并不认为知识产权专有性就是垄断，但知识产权人在行使其权利时，却可能实施一些垄断市场的行为，如果不加限制地允许知识产权人自由行使其权利，可能会产生垄断危害，因此，为了预防滥用知识产权妨碍竞争的行为，为了社会公共利益目标的实现，有必要对知识产权给予一定的限制，协调知识产权人个人利益与社会公共利益，寻求两者间的利益平衡。知识产权制度创立本身，就是源于社会公共利益的考量。知识产权限制制度的确立，更是直接出于维护社会公共利益的动机。知识产权限制制度具有平衡、协调知识产品创造者与社会公共利益的功能。

三、对知识产权利益平衡理论的思考

（一）利益平衡不是知识产权法的理论基础

近年来，利益平衡总是成为中国知识产权领域的一个热门话题，但凡讨论知识产权理论问题，学者们大多会谈到利益平衡问题。有学者认为，利益平衡论是知识产权法的理论基础。该学者还专门著书对知识产权利益平衡理论进行系统论述。利益平衡论者认为利益平衡可以作为建立知识产权法的理论基础。因为，知识产权制度一开始就是作为协调和平衡知识创造者和使用者之间的利益关系，作为平衡知识创造者的专有利益或者说垄断利益与公共利益的制度安排而出现的。在知识产权法的利益平衡的总体框架中，知识产权人利益与公共利益的平衡，构成了利益平衡的核心内容，也是该论者主张的以利益平衡建立知识产权法理论基础的主线。从平衡的性质上看，知识产权利益平衡既表现为一种过程也表现为一种状态。知识产权法作为一个过程的平衡是一种动态的平衡，对这种状况的不断追求就是知识产权法不断完善的过程；知识产权法作为一种状态的平衡是一种静态的平衡，它表现为知识产权法在对知识产品权益分配、权利义务关系总体上的和谐协调。在以利益平衡作为知识产权法的基石时，该论者并没有否认不平衡的现实性，而是认为知识产权法正是在利益平衡与不平衡的矛盾中发展的，总体上是趋于平衡的。[1]

[1] 有关利益平衡论的具体内容，详见冯晓青：《利益平衡论：知识产权法的理论基础》一文（《知识产权》2003年第6期）和《知识产权法利益平衡理论》（中国政法大学出版社2006版）一书。

笔者认为，知识产权法中确实存在利益平衡问题，但利益平衡是否就是知识产权法的理论基础，还有待探讨。首先，利益平衡问题不仅存在于法学领域，不仅存在于知识产权法领域，而是广泛存在于社会的政治、经济、文化和其他领域，利益平衡不仅仅是一个法律问题甚至主要就不是一个法律问题。因为尽管法律与利益密切相关，法律调整各种利益关系，甚至利益成为法律非常重要的价值目标之一，但是法律并不创造利益，利益是客观存在的。“法律只是承认或者拒绝承认某些特定利益是否需要或者是否以法律保护。法律承认与保护利益的主要方式是，规定一定的人或集团享有法律上的权利”。[1] 权利与利益存在区别。利益有合法利益和非法利益之分，法律承认和保护的是合法利益；而法律承认和保护的利益即法律权利。因此，作为知识产权法的理论基础不能脱离法学学科领域或在各学科共同领域去寻找，而应该在法学自身领域探索和思考。其次，即使是从法学领域谈权利义务平衡，这种权利义务平衡理论也不为知识产权法所独有，不能作为知识产权法的理论基础。正如有学者在批评行政法上的权利义务平衡理论时指出：“权利义务的平衡性、对应性是一切法律关系，包括行政法律关系的一个普遍特征，因此，如果说权利义务平衡是行政法的理论基础，那么同时也是民法等其他法律的理论基础，这样它也就不能成为某一种法的理论基础了。”[2] 事实上，平衡是一种均衡状态，平衡只是一种暂时和相对的平衡，它总是与不平衡相伴随。当我们说权利

[1] 郭道晖：《法理学精义》，湖南人民出版社2005年版，第207页。

[2] 武步云：“行政法的理论基础——公共权利论”，载《法律科学》1994年第3期。

义务平衡时是从法律总体而言的，对于知识产权法中具体的知识产权人和社会公众而言，不平衡才是永恒的，它们之间永远达不到绝对平衡状态。如果一定要回答什么是知识产权法的理论基础的话，笔者更倾向于“权利弱化与利益关系分享理论”。❶

（二）利益平衡不是知识产权限制的原因

法律对社会的控制离不开对利益的调整，而法律对利益的调整主要是通过将利益要求转化为一定权利。通过对权利义务的设定，既有效记录下得到承认和保护的利益，又忠实记录下遭受拒绝和排斥的利益，以及某种利益所获承认的限度。法律不仅表达利益要求，而且不可回避利益冲突问题，并随着时代发展重整利益格局。

利益平衡是法律要实现的目的之一。法律的利益平衡功能表现为，对各种利益重要性作出估价或衡量，为协调利益冲突提供标准。法律无法选择确认每一主体的每一项利益，但必须对各种利益冲突加以平衡，从而不会致使人类社会在无谓的利益纷争中毁灭，失去继续发展的可能。20世纪以来西方“法律社会化”倾向，其实就是法律对个人利益与社会公共利益的一种平衡。在知识产权的国际保护问题上，亦存在权利人利益与社会公共利益的矛盾冲突。1996年12月，WIPO缔结的版权条约与邻接权条约，其目的就是保持“作

❶　曹新明教授提出这一理论。他的“权利弱化与利益分享理论”是指减弱知识产权所有人的禁止实施权的功能，让知识产权所有人之外的其他人能够有效地利用智慧创作物，然后通过利益分享形式使知识产权所有人的利益、智慧创作物使用者的利益和社会利益最大化。具体内容见曹新明：《知识产权法哲学理论反思——以重构知识产权制度为视角》（《法制与社会发展》2004年第6期，第60~71页）。

者的权利与广大公众的利益尤其是教育、研究和获得信息的利益之间的平衡”。❶法律对利益关系的协调，对利益冲突的平衡，一般是通过某些基本原则规定和制度设计来体现的。对知识产权个人利益与社会公共利益的协调，主要就是通过禁止权利滥用、诚实信用等社会公共利益原则和知识产权限制制度来实现二者的平衡的。利益平衡不是知识产权限制的原因，利益平衡是知识产权限制要实现的目的。

利益平衡不仅是知识产权限制要实现的目的，而且是司法实践中解决利益冲突问题的基本方法。美国历史上著名法官本杰明·N. 卡多佐主张，司法过程既包含创造的因素也包含发现的因素。法官必须经常对相互冲突的利益加以权衡，并在两个或两个以上可供选择、在逻辑上可以接受的判决中作出抉择。❷法院在解释法律时需要进行利益衡量，在将利益平衡方法运用于司法审判时，法官为了作出一个正义的判决，必须确定立法者根据某条特定的法律规则所要保护的利益。在相互冲突的利益中，法律所倾向保护的利益应被认为是优先的利益。❸当然，协调利益之间的冲突，要树立利益平衡理念，但是，并不是说当知识产权人个人利益与社会公共利益发生冲突时，就要无条件地牺牲前者而维护后者。任何出于社会公共利益目的而对个人利益的侵夺，都必须提供充分理由，并根据合理的标准，经过适当的程序和在必要的情况下

---

❶ 袁泳：“数字技术与版权领域的利益平衡论”，载《南京大学学报》1999 年第 3 期。

❷ ［美］E. 博登海默著，邓正来译：《法理学——法律哲学与法律方法》，中国政法大学出版社 2004 年版，第 158 页。

❸ 同上书，第 151 页。

给予相应的补偿。

第三节 知识产权限制与权利冲突

一、权利冲突的一般理论

权利冲突不仅存在司法审判过程中，也存在于立法、行政执法和公民的日常生活中，成为人们生活中越来越普遍的社会现象。权利冲突可以是道德权利与道德权利之间的冲突、道德权利与法定权利之间的冲突、法定权利与法定权利之间的冲突。但如果进入现实的法律领域，有法律意义的权利冲突是法定权利与法定权利之间的冲突，两个法定权利之间的冲突是典型的权利冲突现象。

权利冲突是指依合法程序产生的分属于不同权利主体的两项以上权利，由于其客体相同或相似而产生的权利相抵触的法律现象。权利冲突是合法性权利之间发生的冲突，这种合法性的权利冲突存在于两个以上的合法权利主体之间。它们可能发生于个体与个体之间、个体与团体之间、个体与国家之间，也可能发生于团体与团体、团体与国家、国家与国家之间。实践中，更多的是那些个体之间的权利冲突现象。[1]权利冲突表现为权利之间的关系而非权利内部关系，权利冲突表征的是权利与权利之间的关系而不是权利与义务之间的关系。权利与权利之间的关系和权利与义务之间的关系在法律性质上不同，权利与权利的冲突是一种合法状态权利之间

[1] 刘作翔："权利冲突的几个理论问题"，载《中国法学》2002年第2期。

的冲突，它不同于义务主体违反法律规定侵害权利主体的权利的违法侵权行为。一般说，权利冲突具有以下几个特征。

第一，权利的存在是权利冲突的前提。权利冲突内含着一个基本前提，即有权利的存在。而权利的法律之上的依据是否有瑕疵在这里是在所不问的，即使有瑕疵的权利，可能因违法而被撤销，但在撤销之前，形式上还是合法存在的权利，是权利冲突中的权利。如果权利冲突中的权利的产生不具有合法性，那么，它们之间就不是权利冲突关系，而是简单的侵权关系。权利冲突关系多发生在权利界限模糊乃至重叠的法律领域，权利冲突中的任何一方都可找到一定的法律依据；而简单的侵权关系多发生在权利界限明确的法律领域，侵权方的权利主张很难找到合法依据。

第二，产生冲突的多项权利形式上是基于共同客体。单项权利不可能产生冲突，权利冲突的前提条件是要有多项权利和多个权利主体存在，是多项权利或多个权利主体之间的冲突。这些权利之间是彼此独立而又有所关联，毫不相关的两个不同权利体系项下的权利就没有冲突的余地。不仅如此，多项权利必须是基于共同客体方能发生冲突。共同客体是基本相同或相似的客体。支配共同的客体是权利冲突的客观基础。换言之，多项权利之间要有一个共同的支撑点，这一共同的支撑点即多项权利共同的支配对象，发生冲突的多项权利是基于这个共同的支撑点而衍生出来的。权利客体的同一性，为权利冲突提供了必要条件。

第三，产生冲突的多项权利分属于不同的权利主体。权利冲突对多个权利主体的内在要求是要有不同的权利主体，主体的相异性是构成权利冲突的主体条件。权利虽非源于某一特定的客体，但行使的时候却需要彼此的配合，否则一方主体的权利行使会阻碍他方主体权利的实现，这也会引发权利冲突，但这不是权利冲突的典型形态。权利冲突的典型形态是多项权利共指的是同一客体。无论是权利冲突的典型形态还是权利冲突的非典型形态，它们的共同点就是权利主体的相异性，它要求要有多个权利主体存在。权利主体多元是权利冲突的另一个必要条件。

第四，权利冲突是权利行使引起的相互矛盾、相互抵触的法律状态。由同一客体衍生出的多项归属于不同主体的权利，若各主体之间通过构造相容管道使得彼此权利和睦共存，这样便不会产生权利冲突。只有出现一方权利主体的权利行使阻却了他方权利主体的权利的实现，才会发生权利冲突。

权利冲突实质是利益的冲突。权利是经过价值选择和价值评价后被认为是正当的利益，利益是权利的核心内容。每一种权利都代表一种具体利益，这种利益可能是物质的，可能是精神的，也可能既是物质的又是精神的。在社会生活中尤其是在具体个案中，这种利益是具体的、看得见的、摸得着的。这里的利益就是一个可以享有的、有益于自己的物质或精神利益，是具有现实意义的已经法定化了的利益。从法律的角度，每个法律主体都有在法律的限度内追求和获取自己最大利益的正当权利，也有在法律的限度范围内维护和保护自己利益的正当权利。因为每一个人的利益追求不同，因此形成了利益追求的多样性；同时因为人类在利益追求上的类同性，又形成了利益追求的趋同性。因此，在大多数情况下，一个人在追求他的利益的时候是同其他人的利益互动、互进和互益的。否则，人类也就不可能形成一种互动的合作关系。但是，一个人的利益追求也可能同其他人的利益发生碰撞，导致权利冲突，形成相互之间的对立紧张关系。在很多现实生活典型的个案中，就存在冲突双方均无对错之分，也不存在侵权，而且两种权利均属法律保护的情况。实践中，有时我们面对的权利冲突表面上看似乎是观念的冲突，但这种观念冲突的背后实质上还是各种不同利益的冲突。当然，我们也应承认对利益的认识有主观的成分，人们在认识上亦存在差异性，有时可能仅仅是由于对问题的认识上的不同而直接导致权利冲突产生。总之，利益因素贯穿于权利冲突的全过程，有利益存在就必然有权利冲突产生。

权利边界模糊交叉是权利冲突产生的原因。权利只是表示法律对个体合法利益的承认和保护，法律规范中规定的权利是法律所确认的实现某种利益的可能性，如何把这种可能性转化为现实，在很大程度上取决于权利主体。任何一种权利的行使和实现在复杂的社会生活中都是千变万化、形态各异的，权利主体在实现自我利益时因环境条件、行为内容、行为方式乃至强度等方面的差异，加上主体往往主观地排斥外界甚至法律对他的限制，因而会产生千姿百态，甚至与自身愿望相违背的实际效果，法律不可能对权利行使的微观情形作出详尽无遗和清晰的规定。法律仅仅是肯定权利内含的利益的合法与正当性并为权利的行使确定一个大致的范围和尺度。至于法定利益的具体实现方式，法律给权利留下了广泛的空间，可以这样说，权利不强迫人做任何事，它给人提供的是自由选择的行为方式。在公民的休息权与娱乐权相冲突的情形中，双方权利都是合法的，但公民如何具体行使上述权利法律没有也无法作出详细规定。就娱乐权来看，法律没有规定娱乐权的行使条件。不同地区因经济发展速度不同，行使娱乐权的条件也会不同。即使是在同一地区，也会因为时间、地点等条件不同而不同。这种行使条件的不确定性，使权利主体的娱乐权与其他权利主体的休息权产生冲突。卡多佐指出，为处理法律的空间应用问题，隔断的墙壁必须稳固牢靠，分界必须清楚明了，否则就会出现重叠、侵占，伴随着不和谐的冲撞。[1] 如果权利边界是清晰的、确定的，两项权利间也不存在交叉、重叠之处，则行使权利意味着安分守己，无伤害他人的危险，也就不可能存在权利冲突。如果权利边界具有模糊性，他人有权进入此模糊地带而不构成侵害权利，进而产生两种都具有合法基础的权利之间的矛盾冲突。如果权利边界交叉，其交叉部分为两个人共同享有的利益，每个权利人都可进入此地带，由此而引发权利冲突。[2]

二、知识产权的权利冲突

知识产权的权利冲突是权利冲突的一种类型，权利冲突的一般理论当然地适用于知识产权的权利冲突。狭义的知识产权权利冲突指合法的知识产权权利之间的冲突；广义的知识产权的权利冲突观包括知识产权权利之间的冲突，也包括知识产权与其他权利的冲突，还包括知识产权与社会公共利益的冲突。知识产权是有别于有形财产权的一种特殊权利，权利冲突问题在知识产权领域显得尤为突出。这主要因为以下几个原因。

---

[1] ［美］本杰明·N. 卡多佐著，董炯、彭冰译：《法律的成长——法律科学的悖论》，中国法制出版社2002年版，第39页。

[2] 张平华："权利冲突辨"，载《法律科学》2006年第6期。

第一，一般财产权的主体之间可以对完全相同的数个客体享有并行使权利，而知识产权对相同或近似客体，不能由数个主体同时享有完全相同的权利，但相同知识产品受不同类型的知识产权法保护。事实上，两个或两个以上的主体分别对其创造的知识产品享有知识产权是客观存在的。基于经济利益的驱动，一方面，由于知识产权制度依据时间先后授予先申请者的知识产权而不承认后来者享有该权利，使得申请人会抢先申请；另一方面，许多人会将同一或类似的知识产品依照法定程序申请并获得与原权利人不同的知识产权，这些都会导致知识产权权利冲突。

第二，知识产权客体与物质产品不同，它没有外在形体，不具有一定形态，不占有一定空间，人们对它的占有不是一种实在而具体的控制，对它的使用不是一种可见的有形损耗，对它的处分应依法规定严格执行，致使同一知识产品有可能在同一时空被多个主体占有、使用、处分。这使得同一知识产品衍生多个权利以及知识产权权利设定边界交叉成为可能，导致知识产权权利冲突。

第三，知识产权是由于智力活动产生的权利的总称，但不同的智力成果的本质差异使其衍生的权利存在本质区别。基于不同的知识产权的本质区别，各国在知识产权制度设计上均采用区别保护制度，即不同性质的知识产权由不同的部门管理，权利取得条件和程序及保护程序的规范不尽相同。区别保护制度又使多数国家在主体上采取分散的立法模式。尽管知识产权的各单行法在立法过程中也会考虑与相邻知识产权单行法之间的关系，但由于各单行法是独立平行立法，不同法律从不同侧面、不同视角和不同切入点对同一知识产品规定不同的权利，因而也使知识产权权利冲突成为可能。

知识产权的权利冲突主要表现为同类型的知识产权之间和不同类型的知识产权之间的冲突。同类型的知识产权之间的冲突是指专利权与专利权之间的冲突、著作权与著作权及邻接权之间的冲突、商标权与商标权之间的冲突；不同类型的知识产权冲突主要指商标权与著作权之间的冲突、专利权与著作权之间的冲突、专利权与商标权之间的冲突、商标权与其他商业标识之间的冲突等。除上述两类知识产权冲突外，广义的知识产权冲突还包括知识产权与其他民事权利的冲突，知识产权中的专属权利与社会公共利益的冲突等。知识产权与其他民事权利的冲突的情形一般只发生在与姓名权、肖像权、名誉权、隐私权等人身权的冲突上；知识产权中专属权利与公共利益的冲突，包括国内层面的知识产权中专属权利与社会公共利益的冲突和知识产权中专属权与国际层面的公共利益的冲突。对知识产权的冲突类型及解决办法，学者作了诸多探究，[1] 这不是本书重点要论述的问题。

三、权利冲突是知识产权限制的原因

笔者前面已提到，广义的知识产权限制包括对知识产权内容的限制和知识产权行使的限制，狭义的知识产权限制指对知识产权权利行使的限制。知识产权限制的主要原因是知

---

[1] 这部分内容可见《知识产权学术前沿问题研究》（南振兴、刘春霖：中国书籍出版社2003年版，第126～171页）一书；陶鑫良、单晓光：《知识产权法纵论》，知识产权出版社2004年版，第258～283页；陈子龙：《知识产权权利冲突的司法裁量》；金多才等：《商标权、外观设计专利权、著作权冲突问题研究》；周详：《论知识产权的权利冲突》（见郑成思：《知识产权文丛》第3、5、10卷）。

识产权人对知识产品的专有利益与社会公众对知识产品需求利益存在冲突，知识产权人利益与他人利益的冲突，知识产权人利益与其他知识产权人利益的冲突。而这种限制主要是为了消除知识产权人的利益与他人利益和公共利益的冲突。这些利益均是合法的利益，均有法律依据，在法律体现为权利，但又与其他权利处于相互冲突之中。法律对这些冲突中的权利不能两全保护，为了能化解知识产权相关当事人权利冲突，均衡各方当事人利益，法律就会依据某种理由取消或限制某种权利。在德沃金看来，在一个国家根据某种特定的理由取消或者限制权利之前，势必要问清楚这些限制性理由是否适当。而在所有理由当中，权利冲突是最为充分的理由，换言之，对权利施以限制的最重要理由就是为了避免权利冲突。[1] 因此，笔者认为，相对于权利滥用和利益平衡，把知识产权权利冲突看做是知识产权限制的主要原因更为合理。

（1）知识产权专有权同社会公众对知识和信息的接近权发生冲突，需要对知识产权进行限制。一方面，对知识产权专有权的维护需要对社会公众知识和信息接近权给予限制，否则知识产权法将无法抵制人们自由搭便车的行为，知识产权法将无法对人们使用知识产品的行为进行限制。若没有对人们自由接近知识产品权利的限制，知识产权专有权利就会形同虚设。因此，这种限制是构建知识产权制度大厦所必需的，也是为了激励知识产权人作出更多的知识创新以实现更大的社会利益。另一方面，对知识产权法授予知识产权人排

[1] Ronald Dworkin. *Taking Right Seriously*. Harvard University Press, 1978: 194.

除社会公众自由接近知识产品的专有权应加以限制，不能排斥公众对体现于知识产品中的知识和信息的必要接近。这正是常说的知识产权限制的主要方面，公众基于一些基础性权利以较低成本或者没有成本地获取知识和信息必须得保障，知识产权专有权不应成为公民接受教育的障碍。知识产权法在为知识产权专有权提供保障的同时，还应当为公众接近知识信息提供特别保障，通过限制知识产权来保障公众的知识和信息接近权。

（2）知识产权专有权同知识再创造权发生冲突，需要对知识产权进行限制。知识产权法对知识产权专有权的保护是对知识原创造的激励，但知识创造既包括知识原创造也包括知识再创造，知识产权法在对知识原创造赋予专有权同时，不应使知识产权专有权成为知识再创造的障碍。知识产权法不应只着眼于现有环境下的创造，也应着眼于未来的知识创造。未来的知识产权具有知识再创造性质，而知识再创造往往建立在知识原创造的基础之上，没有对知识产权原创造成果的利用，或是难以有更多知识再创造出现，或者需要做更多不必要的重复投入和科研，知识再创造权人对知识原创造成果的使用权与知识产权人对原创造的专有权会发生冲突。为此，知识产权法不仅应为知识原创造提供制度保障，也应为知识再创造提供保障，在赋予知识原创造专有权的同时对其加以适当限制，以保护他人知识再创造权得以实现。

（3）知识产权专有权同知识产品传播使用权发生冲突需要对知识产权进行限制。知识产权法通过赋予知识产品创造者的专有权来激励社会对知识创造的投资和生产，但知识产权法对知识产权专有权的保护不应妨碍传播和利用知识产品。

知识产权权利人对其创造的知识产品享有专有权利，社会公众对知识产品享有传播使用权，由于知识产权存在垄断性，知识产权专有权与知识产品传播使用权在很多情况下存在冲突，在知识产权权利人不愿授权他人行使自己的权利时这种冲突表现得更为明显。解决这种冲突的正确做法是，赋予知识产权专有权以法律保护同时又加以限制，确保他人或社会对知识产品的传播和利用，实现个人利益、他人利益和社会公共利益的协调。

上述3类权利冲突，有的表现为知识产权人个人利益与社会公共利益的冲突，有的表现为知识产权人个人利益与他人利益的冲突。这些冲突需要对相互冲突的权利进行限制，在知识产权法上表现为知识产权法中的知识产权限制制度，它与知识产权保护制度并行不悖。由于知识产权是无形财产权，它不易控制，容易被侵害也容易发生冲突，因此在各国的知识产权法律规范中，通常都会有专门章节规定知识产权限制的内容、如合理使用、法定许可等，而这在其他法律规范中则很少看到。这种限制规定在著作权法中表现得较为突出，著作权法中规定的为自己使用而进行的复制行为、数据库作品内容的查询及数据库结构的使用、计算机程序的合法使用与程序兼容性的建立等属个人使用目的的方面的限制；使用自由和强制许可、借鉴自由、获取信息自由（公众知性权）、为学校教育目的的自由使用以及带有社会的或者教育目的的公开再现等则属于为文化经济和公众利益而进行的限制。[1] 无论出于何种目的，都是为了消解知识产权专有权与这些合法权利之间的冲突。

第四节　本章小结

本章对知识产权限制的原因进行了分析。在知识产权限制的原因方面，知识产权学界有学者从知识产权权益分配的公平正义观、知识产权公共利益属性、知识产权人的社会责任以及有限的自然权利观念等方面来论述为什么要对知识产权限制，这是从宏观的法哲学层面对知识产权限制进行的考察。从微观的层面谈知识产权限制的原因主要涉及知识产权滥用和知识产权利益平衡等种类，且未展开系统论述。本书通过梳理与知识产权密切相关的知识产权权利滥用、知识产权利益平衡、知识产权权利冲突等范畴，对知识产权限制的原因发表了自己的见解。本书认为，知识产权滥用是一种特殊的知识产权侵权行为，尽管它是一种特殊的侵权行为，但只要是侵权行为，它导致的后果必然是侵权人承担相应的法律责任。对知识产权滥用这样的侵权行为只存在规制（预防和制裁）问题，而不存在限制问题，因此，它不可能是知识产权限制的原因。就利益平衡与知识产权限制的关系问题，本书认为尽管利益平衡是中国知识产权领域的一个热门话题，甚至有学者认为利益平衡是中国知识产权法的理论基础，但它不仅仅是一个法律问题甚至主要就不是一个法律问题，因

[1] 这部分内容详见［德］M. 雷炳德著，张恩民译：《著作权法》，法律出版社 2005 年版，第五编“著作权的限制”。

为它广泛地存在于社会的政治、经济、文化及其他领域。利益平衡是法律要实现的目的之一，当然也是知识产权限制要实现的目的，是司法实践中解决利益冲突问题的基本方法，它亦不是知识产权限制的原因。关于知识产权限制的原因，本书的看法是：相对于知识产权滥用和利益平衡而言，把知识产权冲突看做是知识产权限制的原因更为合理。在这里，知识产权冲突是指两项以上的合法权利之间的冲突，由于一项权利的行使可能阻却他人权利的实现，因而有必要对相互冲突的权利进行限制。权利冲突是知识产权限制的原因。

第四章　知识产权限制与公共利益的关系

第一节　公共利益在知识产权限制制度中的地位

一、公共利益概说

公共利益是一个约定俗成的概念，尽管学界对这一概念的探究较多，但都很难对公共利益的定义作出一种本质性解释。因为公共利益作为一个极具抽象意义和极具包容性的概念，它“是不属于任何更广泛的逻辑种类的词汇之一，无法以通常的方式来定义”。[1]对于公共利益，有的学者在论文和论著中常表述为“社会利益”、“公共利益”、“社会公共利益”，对这些概念不作特别的区分，认为从性质上分析是同一的；[2]有的学者主张采用“社会公共利益”的概念，认为公共利益是上位概念，社会利益和国家利益同为并列的下位概念；[3]有的学者则表现出对这种混用状态的担忧，认为较之“公共利益”和“社会利益”，“社会公共利益”虽是一种较

[1] ［英］边沁著，时殷弘译：《道德与立法原理导论》，商务印书馆2000年版，第58页。

[2] 李友根：“社会整体利益代表机制研究”，载《南京大学学报》2002年第2期。

[3] 王保树：“论经济法的法益目标”，载《清华大学学报（哲学社会科学版）》2001年第5期。

为标准的定义，但仍未能充分表现利益的整合性，照顾作为整体的普遍利益，反而可能异化为简单多数人的利益而侵害少数人的利益。[1] 为了与知识产权法律规定相一致，在本书中，笔者均采用“公共利益”或“社会公共利益”的称谓，并着眼于公共利益与个人利益，国家利益与社会利益的相对关系来进行阐述。

作为利益之种概念下的属概念，公共利益是与个人利益相对应的平行概念。公共利益这个概念本身是由“公共”、“利益”两个抽象模糊的概念构成，公共利益是指不特定的多数人的利益。公共利益概念的特征在于它内容的不确定性，这种内容的不确定性可以表现在其利益内容的不确定性和受益对象的不确定性方面。前者要解决的问题是公共利益究竟要包括哪些利益，后者要解决的问题是公众的范围如何确定，即利益和公共两个问题。利益是对主体与客体关系的一种价值判断，是被主体所肯定的积极价值，利益的内容具有不确定性和多面性。当然，公共利益不是游离于个人利益之上的利益，它应是存在于个人利益之中，由个人利益组成的某种派生性的复合利益。边沁说：“共同体的利益是道德术语中所能有的最笼统的用语之一，因而它往往失去意义。但它确有意义时，它如下述：共同体是个虚构体，由那些被认为可以说构成其成员的个人组成。那么，共同体的利益是什么呢？是组成共同体的若干成员的利益总和。”[2] 不过，公共利益并

[1] 蒋悟真、李晟：“社会整体利益的法律维度——经济法基石范畴解读”，载《法律科学》2005 年第 1 期。

[2] ［英］边沁著，时殷弘译：《道德与立法原理导论》，商务印书馆 2000 年版，第 58 页。

非是个人利益的简单总和。卢梭曾指出，公共的利害“不仅仅是个人利害的总和，它会大于那部分之和”。[1] 在探讨公共利益问题时，Neumann将公益分为主观的公益和客观的公益。主观的公益是基于文化关系之下，“一个不确定之多数（成员）”所涉及的利益；客观的公益则是基于国家、社会所需要的重要之目的及目标。[2] 由此可以看出，Neumann的主观公益是从私法领域内的不特定的多数人的个人权利角度来理解“公共”的，而他的客观公益则侧重从公法领域内由不特定多数人的个人权利中抽象出来的国家公权力角度来理解“公共”的。同时Neumann将判断公益的概念，由主观公益的纯粹数量（受益者）标准转化为偏向质方面的价值标准。

与公共利益紧密相连的一个重要概念是社会利益。庞德根据耶林的学说把利益分为三类：个人利益、公共利益和社会利益。他认为社会利益是存在于社会生活中并为了维护社会的正常秩序和活动而提出的主张、要求和愿望。社会利益是最重要的利益，它们可以分为6类：（1）一般安全方面的社会利益；（2）社会组织安全方面的利益；（3）一般道德方面的社会利益；（4）保护社会资源方面的社会利益；（5）一般进步方面的社会利益；（6）个人生活方面的社会利益。[3] 对于社会利益，中国有学者认为由于它具有模糊性、中介性

[1] ［法］卢梭著，何兆武译：《社会契约论》，商务印书馆1982年版，第9页。

[2] 陈新民：《德国公法学基础理论》，山东人民出版社2001年版，第185页。

[3] ［美］庞德著，沈宗灵、董世忠译：《通过法律的社会控制　法律的任务》，商务印书馆1984年版，第37页。

和非终极性，因而难以作为部门法的本位或基石。❶ 也有学者认为，社会利益是宪法、行政法等各部门法共同关注的问题，区别并不在于对社会利益概念本身的认知，而关键在于对社会利益所采取的不同规范态度。❷ 有时学者对社会利益和公共利益两个概念并不作严格区分，认为社会利益是一个模糊利益形态术语，兼有公共利益和整体利益的含义。❸ 笔者认为，社会利益是宪法、行政法等部门法关注的问题，也是部门法民法所应关注的问题，知识产权法作为民法的重要子部门法亦应承担这个责任。社会利益不等同于公共利益，从利益范围看，社会利益除了包括社会公共利益外还包括其他非公共的社会利益，社会利益的含义比公共利益更广；另一方面，社会利益作为一种社会进化成果，形成过程具有长期性，其稳定性程度也高于公共利益。不过在社会利益与公共利益的取舍上，笔者主张采取公共利益这一概念。

在我国，国家利益是与公共利益相联系的另一个重要概念。改革开放前，以公有制为主体的所有制结构和计划经济体制决定了我国以国家利益为重心的利益结构。在这种利益结构中，国家利益是各种活动的出发点和归宿，个人利益被淹没于国家利益之中。市场经济的发展瓦解了传统社会，使得个人利益有超越于国家利益之上的观念基础。尽管在现阶段，只有国家才是整个社会的正式代表，才是“社会在一个

---

❶ 单飞跃、阳永恒：“社会法：一种经济法研究进路的反思”，载《湘潭大学社会科学学报》2001 年第 10 期。

❷ 李昌麒、陈治：“经济法的社会利益考辨”，载《现代法学》2005 年第 5 期。

❸ 冯果、万江：“求经世之道，思济民之法——经济法之社会整体利益观诠释”，载《法学评论》2004 年第 3 期。

有形组织中的集中表现”。[1] 然而就国家利益而言，它首先是一国之内个人利益和公共利益相矛盾的产物，是一个国内政治概念，同时在对外交往中，作为国家主权代表，它实际上又是一个国际政治关系概念。在法学视野中，国家利益在法哲学、公法、国际法领域中也是值得思考的重要范畴。笔者认为，如果说公共利益是一种利益妥协的产物，那么公共利益涵盖了国家利益的某些范畴。但公共利益并不等于国家利益，公共利益代表更多的是与国家利益相对的不特定公民的利益。国家利益与公共利益在功能上具有一定的分工，两种不同的利益表述体现的是公法和私法两种不同的理念。私法中以公共利益名义对市民社会日常生活进行某种程度的干预，是在很大程度上承认社会自治的前提下的干预；而国家利益是政府代表国家通过行政权力的强力推进实现的，是政府在治理国家内政、外交的一个终极目标，具有至上性和不可辩驳性。在经济日益发达的今天，国家利益的维护者即政府机关的某些滥用公权力的情形使国家利益发生了一定程度的异化，比较有代表性的表现就是各种形式的行政垄断、行业垄断、地方性行业保护等。国家利益和公共利益有时也会发生冲突，主要表现为国家机关以维护国家利益为名运用公权力干涉公共利益的形成并想当然地认为自己是公共利益的代表者和维护者。而这种干涉并不总是正确的，为避免国家借公共利益之名侵害私人和社会的合法利益，必须严格限制国家权力实现自身利益的领域，强化公共利益的整合和实现机制。

由此看来，公共利益是一种不同于个人利益、社会利益

[1] 《马克思恩格斯选集（第3卷）》，人民出版社1960年版，第320页。

和国家利益的特定范畴。它在很大程度上体现的是一种关系，一种发生在许许多多不同主体之间的利益交叉冲突关系。这种冲突关系只有放到一些具体的个案中才能展现出来，公共利益亦随之凸显。笔者比较赞同将公共利益划分为具体的公共利益和抽象的公共利益两种类型。具体的公共利益与处于这一环境中的个人利益密切相关，虽然公共利益非简单地等于个人利益的聚合，但在个案中，侵害公共利益可以转化为对一个个个人利益的侵害。对于具体的公共利益受侵害的现象，利益攸关的个人对于要求公共权力机构对之进行保护有着相当高的积极性，甚而直接以个人利益受侵害为由直接主张。抽象的公共利益与个人利益无直接关联，对这种公共利益的侵害并不影响某些特定人的利益，但从长远来看，这种抽象的公共利益的重要性表现在其关乎整个社会的发展。具体的公共利益和抽象的公共利益都需要公共机构进行维护，但相比较而言，由于抽象公共利益与社会成员个人关联稍显疏远，其重要性不易为个体察觉和感知，因而更需要公共机构倾注更多的精力对之进行保护。这种公共利益亦是我们通常所指的公共利益。[1]

二、知识产权限制制度中的公共利益优位原则

知识产权法由知识产权保护制度和知识产权限制制度两部分组成。知识产权保护制度的直接目的是保护知识产品的创造者等知识产权人的利益，激励知识产权人从事知识创造

[1] 熊胥龙："私法中的'社会公共利益'"，见王利明等：《中国民法典基本理论问题研究》，人民法院出版社2004年版，第106页。

的积极性，使其创造出更多更好的为社会需要的知识产品。知识产权限制制度的直接目的是维护包括知识产权人在内的社会公众的利益，促进社会经济的发展、科学和文化的进步。

知识产权保护制度是知识产权法的主要法律制度，它调整的是个人与个人之间的利益关系。个人与个人之间的利益关系是一种社会成员相互间的利益关系，是一种以个人利益为内容的利益关系。在个人利益关系中，每个个人都是以自己的个人利益为出发点和归宿；在不涉及公共利益的前提下，对个人利益的追求是自由的、不受干涉的，否则，社会的发展就会缺乏动力和活力。知识产权限制制度是知识产权法的重要法律制度，它调整的是个人利益与公共利益之间的关系。个人利益与公共利益在多数情况下具有一致性，它们之间相互依赖、相互包含、相互转化。但公共利益毕竟与个人利益存在差别。从个人利益中分离出来的利益一旦成为公共利益就具有相对独立性，并且不可能为某个社会成员所独占，因而公共利益会与个人利益发生冲突。这时，公共利益应优位于个人利益。

关于公共利益优位于个人利益的思想国内外学者早有论述。格老秀斯认为，国家为了公共利益，比财产主人更有权支配私人财产。[1] 孟德斯鸠说，共和政体“要求人们不断地把公共的利益置于个人利益之上”。[2] 卢梭在《社会契约论》中也论述了个人利益应服从公共利益的思想。英国学者米尔

---

[1] ［荷］格老秀斯：“战争与和平的权利”，载黄楠森、沈宗灵主编：《西方人权学说（上册）》，四川人民出版社1994年版，第34页。

[2] ［法］孟德斯鸠著，张雁深译：《论法的精神（上册）》，商务印书馆1982年版，第34页。

恩指出:“共同体的每个成员所负有的一项义务就是使共同体的利益优先于他的自我利益,不论两者在什么时候发生冲突都一样。”❶ 美国学者博登海默也认为,公共利益和个人利益并不是“位于同一水平上的”,公共利益优于个人利益。❷ 在公共利益与个人利益的关系问题上,中国有学者认为,在公共利益与个人利益这一矛盾体上,公共利益是矛盾的主要方面,居于支配地位;个人利益是矛盾的次要方面,居于受支配的地位。对公共利益与个人利益之间冲突的消除,是通过个人利益服从公共利益的方式来实现的。但这种冲突的消除,并不是通过消灭个人利益来实现的,如果消灭了个人利益就无所谓公共利益了,而只是使个人利益与公共利益保持一致。❸

当个人利益与公共利益发生冲突时,应当优先维护公共利益,即公共利益优位原则。这一原则在知识产权限制制度中有极大的合理性。这首先因为知识产品和知识产权的特殊属性。知识产品是一种信息,保证大多数人的信息共享自由权是知识产权法的依归。知识产权法保障知识产品分享主体的规模化和广泛性也是知识产权保护具有社会意义的表现,并且最终是实现知识产权人个人利益的保障。知识产权限制制度更是担负着实现在一般社会公众利益基础之上更广泛的社会公共利益方面的重任,实现公共利益价值目标。仅以著

---

❶ [英] 米尔恩著,夏勇等译:《人的权利与人的多样性——人权哲学》,中国大百科全书出版社1995年版,第52页。

❷ [美] E. 博登海默著,邓正来译:《法理学——法律哲学与法律方法》,中国政法大学出版社2004年版,第384~385页。

❸ 叶必丰:《行政法的人文精神》,湖北人民出版社1999年版,第158~161页。

作权制度而论，“著作权法涉及社会的、政治的、经济的、教育的和艺术的各个方面。它不能专注于作者权利的保护，而应顾及广大使用者的利益”。[1] 其次，知识产权限制制度需要确保公共利益，需要优先保障公共利益，还因为之所以要从知识产权个人利益中分离出公共利益，是为了保障知识产权人个人利益的安全，调节知识产权人与一般社会公众所占有的利益关系，促进知识产权人个人利益的进一步发展，而不是要剥夺或消灭知识产权人的个人利益。只有公共利益发展了，可供分配的总量丰富了，包括知识产权人在内的各社会成员才能享受到更多的知识利益。如果没有知识产权限制制度对公共利益的调节，知识产权人与一般社会公众的利益将会在相互冲突中被无谓地消耗，更难以得到发展。特别是在现代社会里，许多利益如果不按公共利益来组织，社会成员的个人利益将无法实现。再次，在论及公共利益与个人利益量的关系时，公共利益的总量总是超过个人利益之和的。公共利益是全体社会成员的共同利益，个人利益是单个社会成员的利益，个人利益与公共利益之间的关系就是单个社会成员的利益与有组织的全体社会成员的共同利益之间的关系。在任何社会里，单个社会成员的个人利益总量都远远无法与公共利益总量相比，不可能大于或等于公共利益总量，公共利益永远大于个人利益。而且就知识产权人的个人利益而言，它享有的时间是有限制的，持续时间较短；就公共利益而言，公共利益的存在并不因团体成员的变更而受影响，存续时间

[1] Edward W. Polman, L Clark Hamilton. *Copyright: Intellectual Property in the Information Age*. Routledge and Kegan Paul Ltd, 1980.

比个人利益更加久远。因此，个人利益应服从公共利益。

个人利益服从公共利益原则在世界各国以及国际知识产权立法和司法实践中已被逐步确认。《美国宪法》的知识产权条款很清楚地表明，宪法确认了知识产权法维护的公共利益，即授权国会通过确保作者和发明者有限的专有权来促进科学和实用技术的进步。知识产权是为实现公共利益目标而创设的有限权利，这一观点不仅在美国知识产权立法中得以确认，而且在美国知识产权司法实践中被强化。《1909 年关于美国著作权的国会委员会报告》指出：国会根据宪法的条款制定著作权法，不是基于作者在他的创作物中存在的自然权利，而是基于要服务于公共福利……手段是保障作者对其创作物享有有限保护期的专有权。[1] 也就是说，著作权的存在首先应有利于公众，其次才是使作者本人受益。[2] 在美国，国会、法院和著作权登记机关都倾向于将公共利益看成是优于著作权人的个人利益的。著作权登记部门提交给美国国会的报告指出，“作者有限的利益与公共利益是一致的。当他们的冲突发生时，公共利益必须优先”。[3] 应“将作者的利益限制于公共利益之中”。[4] 在 1948 年 United States V. Paramount Pictures，Inc. 案中，[5] 法院指出：著作权法像专利法一样，是把

[1] H. R. Rep. No. 2222，60th，Cong.，2d Sess 7，1909.

[2] L. Ray Patterson，Stanley W. Lindberg. *The Nature of Copyright：A Law of Users' Right*. Sathens & London：the University of Georgia Press，1991：298.

[3] Copyright Law Revision，Report of the Register of Copyrights，House Comm Print，87th，Cong.，1st，Sess 6，1961.

[4] Harry N. Rosenfield. The American Constitution，Free Inquiry and the Law. Fair Use and Free Inquiry，1980：218.

[5] United States V. Paramount Picture，Inc.，334 U. S. 1948：131；See also，Twentieth Centory Music Corp. U. Aiken，422 U. S. 1975：151，156.

对作者的报偿作为第二位考虑的……可以说对作者的报偿服务于作家或者艺术家把他们的天才的产品贡献给公众。在法院看来，知识产权法的主要目的不是报偿知识产权人的劳动，而是促进科学和艺术的进步。近年来，国际上一些知识产权公约对知识产权人个人利益和公共利益问题亦作出了规定。1994 年《与贸易有关的知识产权协议》规定："承认保护知识产权的诸国内制度中被强调的保护公共利益的目的，包括发展的目的和技术的目的"；"知识产权的保护和权利行使，目的应在于促进技术的革新、技术的转让和技术的传播。"[1]该协议的第 8 条还规定，成员在制定或修改其国内法时，可以为保护公共健康以及促进对其经济和社会发展至关重要的公共利益而采取必要的措施。这意味着《与贸易有关的知识产权协议》也确立了公共利益优位于个人利益的原则。

三、实现公共利益是知识产权限制制度的重要目的

前面已经提到，知识产权限制制度是知识产权法的重要组成部分，它的直接目的是维护包括知识产权人在内的社会公众的利益，促进社会经济的发展、科学和文化的进步。知识产权限制制度的重要目标即知识产权公共利益目标。这与知识产权的公益性特征密切相关。所谓公益性，可以理解为"多数人的利益高于个人利益，任何一个公民都应当为了全社会的共同利益而放弃个人私利"。[2] 实现知识产权公共利益目标需要对知识产权人个人利益作出适当限制，知识产权法从

[1] 参见《与贸易有关的知识产权协议》序言部分和第 2 条。

[2] ［英］吉利恩·达维斯："权利集体管理中的公共利益"，载《版权参考资料》1990 年第 2 期。

"维护每个社会成员的合法权益和社会整体利益的立场出发，不能不对个人的权利作必要限制"。[1] 知识产权限制制度是实现这种公共利益的制度保障。正如1984年《世界人权宣言》论及法律对权利限制的理由是"确认及尊重他人之权利与自由，并谋符合民主社会中道德、公共秩序及一般福利需要之公允条件"一样，知识产权限制制度主要是出于维护社会公共利益的目的，它通过对知识产权内容范围和行使的限制，在保障公众合理地接近和利用知识产品的基础上促进社会经济发展、科学和文化事业的发展与繁荣。从各国知识产权立法的情况看，尽管各国知识产权法律制度之间存在相互差异，但有一点却是共同的，即基于公共利益目标而对知识产权给予一定的限制，并创设了知识产权限制制度。

知识产权限制制度主要是为实现公共利益目标所进行的制度创新。在知识产权领域，对知识产权的辩护很少是出于个人主义方面原因考虑的。在正统的意义上，知识产权限制的正当性也可以这样论证：生产更多的社会商品胜过作者、发明者个人的自然权利。在公共利益层面，知识产权是为了产生现有的和未来的公共利益的有限垄断。《美国宪法》授予国会通过确保作者和发明者对其创作物和发明的有限期的保护来促进科学和有用艺术的进步，这一条款强调的也是著作权法和专利法亦是确保公共利益的法律。从实现公共利益目标看，对知识产权权利的限制与授予知识产权一样重要。或者说："由于没有自然绝对的知识产权，偏向于消费者和其他用户的一些原则，像合理使用，正像作者阻止某种复制的

---

[1] 陈云生：《相对权利论》，人民出版社1994年版，第53页。

基本权利一样，是基本权利的一部分。”❶

知识产权限制制度的重要目的是实现公共利益。但公共利益不是对知识产权进行限制的惟一目标，除为公共利益目的而对知识产权进行限制外，对知识产权限制有时是为了实现个人使用目的。例如，著作权法规定的为私人使用目的而对作品进行自由使用的行为、对数据库作品内容的查询以及数据库结构的使用的行为都是基于个人使用目的而对作者和数据库作品权利人进行的限制。当然，著作权法规定的对著作权的限制更多的是基于社会公共利益目的，如为课堂教育以及宗教目的而汇编作品的行为、以维护权利以及公共安全为目的使用作品的行为、以社会保障为目的以及以教育为目的将作品进行公开再现的行为、以课堂教学以及研究为目的将作品进行公共传播的行为等。

第二节　知识产权限制制度维护公共利益的功能

一、传统公法、私法部门与公共利益的关系

法律自产生之日起就和利益有着十分密切的联系，从某种意义上讲，法律对社会关系的调整就是对利益关系的调整，是将人们所需要的各种利益权利义务化并以国家强制力加以保障。离开了利益关系就无所谓法律。在法律调整的利益关系中，涉及政治国家内部关系、社会公共利益属于法律调整的范围，这是传统公法形成的基础；涉及个人与个人之间的

❶ James Boyle. A Politics of Intellectual Property. Environmentalism for the Net?, 47 *Duke Law Journal*, 1977: 104.

利益关系、私人利益是法律最基本的调整对象，这是传统私法形成的基础。但是传统公法和私法对公共利益和个人利益的维护均是建立在假设个人利益与公共利益相一致的基础之上，最终会导致个人利益与公共利益的冲突加剧，使公共利益受到极大损害。

宪法是以保障公民权利和制约国家权力为内容的部门法，宪法与公共利益密切相关。宪法对国家权力的确认本身就说明宪法照顾到公共利益对国家权力的需求，承认国家权力在维护个人利益与公共利益方面的积极作用。宪法在授予国家权力时既要考虑不对公民权利造成威胁，同时又要考虑公共利益的需求程度。这也就是传统法律体系中为什么将宪法划归公法范畴的原因。据调查，当今世界各国宪法已越来越重视公共利益问题，其中有96个国家在宪法中规定了涉及公共福利或社会公共利益的条款，美国宪法更是规定了知识产权领域的公共利益条款。宪法是以公民权利保障为基本出发点的法律部门，尽管宪法也调整公共利益，但宪法的地位和性质决定它对经济领域特别是知识产权领域中公共利益的保护作用十分有限，对知识产权个人和企业危害公共利益的行为更是无能为力。

行政法是调整行政机关与公民、法人等社会组织之间关系的部门法。私权利主体和公权力主体之间的利益关系是行政法的调整对象。虽然将行政法作为管理法的传统观点已被法学界否定，但法学界仍有许多学者认为行政法是维护国家利益的法。行政法同宪法一样属于公法，它与公共利益密切相关，但是行政机关与市民社会成员之间的不平等性决定了行政法只有将强势一方的行政机关作为制约的对象才能实现宪法所确定的保护公民权利和利益的目标。行政法的制度设计主要是根据行政关系的不平等性质进行的，主要是限制行政机关超越职权和滥用权力的行为。个人、企业等经济组织特别是知识产权人与公共利益之间的关系，传统行政法亦无法调整。

刑法是传统法律体系中与公共利益关系最为密切的法律部门，刑法是直接以公共利益为保护目标的公法部门，它直接针对犯罪行为（包括知识产权犯罪行为）。而犯罪行为的本质，是对社会秩序的危害，对公共利益的危害，它能侵犯的社会关系是已经超出个体利益范畴并上升为公共利益性质的社会关系，包括国家领土完整、国家安全、社会公共安全、社会经济秩序、公民和国家的人身与财产权利以及社会管理秩序等内容。其中关于破坏市场经济秩序犯罪方面（包括侵犯知识产权罪）的内容可以说是惟一的直接对市场主体与公共利益之间关系为调整对象的法律规定。但是，刑法调整的方法和适用的严格程序决定了它在知识产权领域中维护公共利益的局限性，因为在知识产权领域许许多多违反公共利益的行为可能并不违反刑法，并不构成知识产权犯罪。

传统民法是以平等主体的自然人、法人相互间财产关系和人身关系为调整对象的法律部门。产生于古罗马法、兴于近代的民法是以“经济人完全理性”和“个人利益”与“公共利益”相一致为假设前提的制度安排。民法是以个体权利为本位的部门法，属于典型的私法部门。尽管自19世纪末以来民法思想发生一些变化，民法也强调权利人在行使个人权利的同时不能无视他人利益和社会公共利益，但这并不能成为改变民法是以保护公民权利和利益为重心的理由。个人利益与公共利益在大多数情况下是一致的，但个人利益与公共利益亦经常发生冲突。个体权利本位的基本理念和个人利益与公共利益的冲突决定了民法在个人利益和公共利益间不可能兼顾二者。虽然在法律社会化潮流中，民法试图通过个别条文的社会化和简单抽象的“公共利益”原则对危害公共利益的行为进行约束。但传统民法制度安排难以对知识产权领域内危害公共利益的行为进行有效约束从而均衡个人利益与公共利益。知识产权法属于民法，知识产权法有理由担当起这一重任。

二、私权社会中的公共利益

“不理解什么是个人利益，谈论共同体利益便毫无意义”。[1] 本书前面在公共利益概说中已经论及公共利益与个人利益的密切关系。历史地看，公共利益是一种具有自身独特性质的利益，与具体的个人利益相比，它的生命更为恢弘和久远，延绵不绝地从上一代人流传到下一代人，它是把单个的个人联结成有机整体的纽带，是脆弱的个人得以成长的母体。因此，公共利益虽然存在于个人利益之中，且它的真实性的确证离不开个人利益的实现，但它确实不是个人利益的简单总和，不可能完全归结和还原为具体的个人利益。个人之所以接受公共利益观念，这首先与人性相关。人性中的个人主义倾向与人性中的共同取向是相互补充的。人性的共有成分根植于对个人的这样一种认识，即完全凭借他个人的努

---

[1] ［英］边沁著，时殷弘译：《道德与立法原理导论》，商务印书馆2000年版，第58页。

力，他是无力实现他所珍视的那些价值的；他需要其他人充分意识到他对自由、安全和平等的欲求。[1] 这些也可以在很大程度上归结为理性原因。人类自我生存和发展的渴望需要人类让渡自身的一部分自由、权利以及利益以换取安全。这种让渡本质还是出于自身利益的更高价值考虑。公共利益的理念深深植根于人性的共同成分中，从古至今，似乎没有一个社会能够忽视这一价值的存在。任何一个社会的发展演变其实就是对人性中个人成分与共有成分的关注程度的差别，在二者之间进行调配，寻求一个使社会达到最稳定的节点。“法律的终极原因是社会的福利。未达到其目标的规则不可能永久性地证明其存在是合理的。……这里有一个至高无上的公共政策，我们不要轻易用契约自由来干预它，……它们是社会福利政策的构成因素，而我们的任务就是去发现这种社会福利”。[2]

公共利益的产生一方面与人性中的共同取向密切相关，另一方面亦与市民社会的产生存在着非常密切的关系。相对于政治国家而言，市民社会的产生很大程度上是出于限制具有天然扩张本性的国家权力。作为不拥有强制性力量的社会来说，出于保护自身利益的需要，就必须组织起来，组成市民社会。最先使用市民社会概念的黑格尔就是在这个意义上给市民社会下定义的。他说：“市民社会，这是各个成员作为独立的单个人的联合，因而也就是在抽象普通性中的联合，

[1] ［美］E. 博登海默著，邓正来译：《法理学——法律哲学与法律方法》，中国政法大学出版社2004年版，第4页。

[2] ［美］本杰明·卡多佐著，苏力译：《司法过程的性质》，商务印书馆2000年版，第39页。

这种联合是通过成员的需要，通过保障人身和财产的法律制度，和通过维护他们的特殊利益和公共利益的外部秩序而建立起来的。”❶ 市民社会是个人与个人之间关系的社会。市民社会中联结个人关系的性质惟一纽带是利益，而一个人只顾自己利益的社会很难达到统一，也很难不被瓦解。为了从根本上保护自己的利益，人们又不得不放弃极端个人主义和利己主义，寻求共同利益并团结起来，以对抗国家权力的扩张和其他集团的竞争。具有共同利益的人群存在于各个时代，但惟有市民社会中的大多数人意识到了这一点并且能够有组织地表达和维护其利益，公共利益才能够被发现并得以维护。

知识产权属私权社会中的私权。在知识产权领域，知识产权人个人利益与公共利益之间既存在一致性，也存在冲突性。我们在论及二者关系时，对二者的统一性一直是言之凿凿，强调其多，表现在知识产权领域过分强调对知识产权的保护。然而就公民个人的直观感受而言，知识产权人个人利益与公共利益二者显现出更多的是不可调和性。知识产权是与个人利益直接相关的权利，而公共利益就短期来看是一种超乎个人利益之上的利益，它在大多数时候表现出来的是对个人权利的限制，使其成为个人权利行使的边界。在知识产权领域，为了确保公共利益的实现，重要的是建构一种制度，这种制度既是一种好的制度，应有与社会一致的伦理标准；更是通过建立一种激励约束机制，使得维护和追求公共利益成为人们实现个人利益的一个有效且可靠的途径和手段。知识产权限制制度即是这样一种制度，它通过对知识产权人个人

❶ [德] 黑格尔著，范扬、张企泰译：《法哲学原理》，商务印书馆 1961 年版，第 174 页。

权利的限制来实现和维护公共利益并最终成为实现个人利益的手段。

三、公法、私法维护公共利益的不同点

提到公共利益，人们往往认为它与公法有关，而与私法无关。有学者在为公法、私法下定义时也说到：“凡涉及公共权力、公共关系、公共利益和上下服从关系、管理关系、强制关系的法，即为公法。凡属于个人利益、个人权利、自由选择、平权关系的法即为私法。”❶ 那么私法的构建需不需要强调公共利益呢？答案是肯定的。在区分公法与私法时，以法所维护的利益是否以公益为标准对公法、私法进行划分的利益说，其致命缺陷就在于无法对法所维护的利益是属于公共利益还是私人利益进行绝对的区分。公共利益的最终受益者是个人，而个人利益的维护又体现了公共利益。这说明维护公共利益既是公法的追求目标，又是私法的追求目标。

虽然公共利益需通过公法和私法来维护，但两者分别赋予了公共利益不同的含义。有学者从作为权力的行使事实要件这一意义上理解公共利益，认为它具有如下几个特征：（1）公共利益本身被定位为权力行使的事实要件；（2）公共利益是一个与个体利益相并列的概念；（3）公共利益的本质功能在于保持国家权力与公民权利之间的一种良性的动态平衡。❷ 显然这是从公法的角度来认识公共利益的含义。另有学者认为，“公共利益之含义乃指主要由政府提供的、为公众的

❶ 张文显主编：《法理学》，高等教育出版社1999年版，第57页。

❷ 朱新力、黄金富：“论公共利益”，载《浙江工商大学学报》2004年第5期。

和与公众有关或为公众所公用或者公共的利益。公共利益的历史，就是一部反对或阻止某些特定群体滥用政府权力为它们自己谋求不正当利益的权利斗争的历史。公共利益具有非营利性和共同福利性”。[1] 这也是从公法角度来认识公共利益，因为它突出地强调了公共利益含义的核心在于对公权力使用的限制。这些思想多从国家职能角度思考如何界定公共利益，赋予这个不确定、很抽象的概念以相对确定的含义以实现对个人利益的保障。这种观点的理论渊源可以追溯到卢梭的社会契约论思想：“惟有公意才能够按照国家创制的目的，即公共幸福，来指导国家的各种力量；因为，如果说个别利益的对立使得社会的建立成为必要，那么，就正是这些个别利益的一致才使得社会的建立成为可能。”[2] 国家权力是权利让渡的结果，因而国家的职能之一就是通过追求公共利益来实现个人利益，否则，公民没有任何理由让渡自己的权利，使自己成为国家权力压迫的牺牲品。

私法则不如公法那样把对于公共利益的强调放在首要的、突出的地位，这并非由于私法对于公共利益的忽视。事实上，私法也不可能忽视公共利益，因为个人权利的充分实现一定意义上依赖于公共利益的保障。私法之所以不像公法那般强调公共利益，是因为私法特别是私法中最具代表性的民法为自己的存在找到了一个潜在的理性假设：社会中的成员可尽显自身才智，获得自身利益的最大化，从而可以促使社会利

---

❶ 范进学：“定义公共利益的方法论及概念诠释”，载《法学论坛》2005年第1期。

❷ [法] 卢梭著，何兆武译：《社会契约论》，商务印书馆1980年版，第35页。

益的最大化。[1] 虽然社会利益是否等同于公共利益尚有争议，如庞德把利益划分为“个人利益”、“公共利益”和“社会利益”。[2] 但是从实现了大多数的个人利益从某种意义上就是实现了公共利益这一角度出发，可以近似地认为私法强调个人权利的实现，通过个人权利的全面实现充分体现公共利益。正是基于对公共利益的考虑，在私法中，防止私权利的滥用一直是完善私法制度的重点。私权利的滥用如果危害的仅仅是个人利益相互冲突的一方，可以通过私法制度的内部矫正实现公平。但私权利的滥用如果危害到公众，靠其内部矫正就显得被动且心有余而力不足。所以，出于维护公共利益的需要来限制某些私权利的行使，阻止某些个人利益的实现对于私法的健康发展是十分重要的。但绝不允许任何人随意以维护公共利益之名剥夺个人利益。

从以上论述的公法、私法赋予公共利益的内涵可以看出公法所维护的公共利益不同于私法所维护的公共利益。虽然两者从最广泛意义上对公共利益的理解有相同之处，但对于如何实现公共利益的路径是不同的。体现为：首先，公法对于公共利益的维护重在强调国家公权力的行使，而私法对于公共利益的维护重在强调某些有违公共利益的个人利益不得受到保护。虽然公法通过国家公权力维护公共利益的结果也会造成对某些私权利的限定，但其对于国家权力的使用是积极的。而私法通过维护公共利益限制某些私权利的行使虽然

[1] 冯果、万江：“求经世之道，思济民之法——经济法之社会整体利益观诠释”，载《法学评论》2004年第3期。

[2] ［美］E. 博登海默著，邓正来译：《法理学——法律哲学与法律方法》，中国政法大学出版社2004年版，第147页。

也要借助国家公权力，但其对国家权力的使用是消极的。其次，一般而言，维护公共利益是公法使用国家公权力的原因、出发点，即如前面所提的作为权力行使的事实要件。而维护公共利益是私法限制私权利所希望获得的结果及所希望达到的一种状态。两者维护公共利益的着眼点不同。再次，私法对权利限制采用权利限制的内在理论，认为权利本身要反映公益要求，权利附义务就是权利内在属性的必然，此时依公共利益限制权利当属内部限制；而公法对权利限制采用权利限制的外在理论，认为权利本身不应附义务的，国家法律可以公共利益优先对权利进行限制。最后，公共利益与私人利益是一对既冲突又调和的范畴。在公法领域中，国家若用公权力对某些私权利进行限定，一般而言要进行一定的补偿。如我国《宪法》第13条第3款规定：国家为了公共利益的需要，可以依照法律规定对公民的私有财产实行征收或征用并给予补偿。而在私法领域中，国家若通过公权力限定某些私权利的行使一般是不进行补偿的。因为从立法机制上说，国家认为这些被限定的私权利因与公共利益相冲突而存在不当使用之嫌，应视为权利的滥用，不受法律的保护。总之，公法对于公共利益的维护重在限制国家公权力的滥用，而私法对于公共利益的维护重在限制私权利的滥用。两者赋予公共利益这一相同概念以不同的法理含义，我们应有所区分而不是混同。正如哈耶克所言：“作为政府组织之法律的公法要求它所适用于的那些人以刻意的方式为公共利益服务，而私法则允许个人去追求他们各自的目的，并只是通过限定个人行

动的方式而使他们最终都有利于普遍的利益。”❶

第三节 维护公共利益的知识产权限制制度的类别

基于维护公共利益的主要目的，各国知识产权立法和国际知识产权协议都普遍规定了知识产权限制制度。这些制度主要包括合理使用制度、法定许可制度、强制许可制度、权利穷竭制度等。

一、知识产权的合理使用制度

知识产权的合理使用是指使用人在特定情况下不需要知识产权人许可，也不需要向权利人支付报酬，就可以使用本来受知识产权保护的知识产品。合理使用制度经历了由判例法到成文法的演变过程。它肇始于英国判例法。从 1740 年到 1839 年，英国法官在其审判活动中创制了一系列规则，即允许后来作者未经前任作者同意而使用其作品。而后这一制度成就于美国判例法。1841 年美国法官 Joseph Story 在审理 Folsom V. Marsh 一案中，集以往相关判例法规则之大成，提出了合理使用的概念，系统阐述了合理使用制度的基本思想。至 19 世纪时，英国法院已普遍采用合理使用原则，以此作为侵犯著作权的例外，英国 1911 年法令始以成文法的形式明确规定了合理使用制度。美国 1976 年著作权法对合理使用制度的目的和适用范围进行了系统规定。

---

❶ ［英］哈耶克著，邓正来等译：《法律、立法与自由》，中国大百科全书出版社 2000 年版，第 210 页。

知识产权合理使用制度肇始于著作权法。提到合理使用，人们通常就会想到著作权的合理使用，但合理使用制度并不是著作权法所独有。专利法和商标法中都存在合理使用制度，即在法律规定的情况下，使用人可以不经专利权人或商标权人许可，也不需向权利人付酬就可以自由使用专利或商标。TRIPs 协议第 17 条规定的“说明性词语的合理使用”，即为商标合理使用的一种；而 TRIPs 协议第 30 条规定的专利权例外，即是专利的合理使用。[1] 由于各国国情不同，发达国家与发展中国家对于知识产权合理使用的规定各有其特点。

二、知识产权的法定许可使用制度

法定许可使用是著作权法中的特定制度，在专利法和商标法中，没有法定许可使用的制度设计。著作权法定许可使用制度是指根据法律的直接规定，以特定的方式使用已发表的作品，可以不经著作权人的许可，但应向著作权人支付使用费，并尊重著作权人的其他权利的制度。世界知识产权组织编写的《版权和邻接权法律术语词汇》将称为“法定许可证”（statutory licence），以别于一般“许可证”（licence）即许可使用。

法定许可使用与许可使用的主要区别来自于作品使用的权源。许可使用是一种意定授权，即是由著作权人或其代理人授权他人使用作品；而法定许可使用的一种法定“授权”，即是法律推定著作人可能同意并应该同意将作品交由他人使

---

[1] Richard A. Posner. Do We Have Too Many Intellectual Property Rights? 9 Marq. Intell. Prop. L. Rev, 2005：173、175.

用，因而由法律直接规定许可。法定许可使用不同于法定免费使用，但两者区别不仅在于是否付费，而且在于它们是否具有与“合理使用”的相同品性。所谓法定免费使用，是指法律允许特定机构非营利性使用他人作品，可以不经权利人许可，不向其支付报酬的一种制度。由于1971年修订的《世界版权公约》已最终杜绝了法定免费使用制度，因此其成员国自此不再可能采用这种作品使用方式，或是只能对本国国民的作品实行免费使用制。[1]

三、知识产权的强制许可使用制度

知识产权的强制许可使用是指在一定情况下由国家机关依法向使用人颁发许可证书，允许使用人未经知识产权人的同意使用受知识产权保护的作品或发明等，但使用人应向知识产权人支付报酬。通常，人们比较关注的是专利权强制许可使用制度，因为这是与全球性公共健康危机关系最为密切的知识产权领域。而事实上，除了专利权的强制许可使用外，在著作权领域以及植物新品种保护领域，均存在强制许可使用制度。根据TRIPs协议第9条规定，WTO成员应当遵守《伯尔尼公约》附件，而《伯尔尼公约》附件中即有著作权强制许可使用的规定。而根据TRIPs协议第22条规定，在商标领域，WTO成员不能适用强制许可使用制度。就著作权强制许可使用而言，发展中国家与发达国家曾在20世纪50~70年代对此展开过激烈争论，但无论如何，这一制度的使用对发展中国家的公众及时获取有关作品，具有相当重要的意义。

---

[1] 郑成思：《版权法》，中国人民大学出版社1990年版，第269页。

相对于授权使用而言，强制许可使用和法定许可使用都属于非自愿使用，强制许可使用更体现了国家机关的强制干预。霍布斯认为，即使在谈判中没有严重障碍，人们也极少有充分的理性能在合作剩余的分割问题上达成协议。为了防止人们的意见分歧导致的谈判失败或由此花费很高的交易成本，因此，就需要一个强有力的第三方迫使他们同意。[1]强制许可的实施由国家主管机关依行政申请程序可以在不经权利人的同意的情况下直接颁发强制许可证而允许申请者实施该权利，这样即减少了谈判成本，降低了交易费用，避免或减轻由于知识产权滥用而增加的社会成本。强制许可使用的实质是用以可能的法律救济（包括强制性命令和其强制手段）为后盾的谈判实力，来换取经济上的回报，以期被许可人提出的经济补偿数量与著作权所有人能接受的数量一致。[2]从另一个角度来看，强制许可的实施也确实给著作权人带来了额外的收益，因为“凡是符合法定条件的主体，都可申请强制许可证来使用作品，但使用后必须支付给著作权人一定的报酬，所以强制许可制度作为著作权限制的一种重要形式，它的实行促进了著作权贸易的发展”。[3]

---

❶ [美] 罗伯特·考特、托马斯·尤伦著，张军等译：《法与经济学》，上海人民出版社 1991 年版，第 135 页。

❷ [美] 保罗·戈尔斯坦著，王文娟译：《国际著作权原则·法律与惯例》，中国劳动社会保障出版社 2003 年版，第 302 页。

❸ Copyright Compulsory License Improvement Act, H. R. 3210 Feb. 12, 1998.

四、知识产权的权利穷竭制度

权利穷竭被称为首次销售原则（first sale doctrine），[1] 也称为“权利用尽”，是指包含知识产权的物品首次合法投放市场以后，其发行权（著作权）和销售权（专利和商标）一次用尽，知识产权人无法控制知识产权物品在市场中的进一步流通。“权利穷竭原则是最基本的知识产权限制之一”。[2] 通常认为，德国学者 Josef Kohler 是第一个提出权利穷竭普遍性的重要学者，他在 1884 年的《商标保护的法律》[3] 一书中指出，商标没有边界，商标权利穷竭具有普遍性。[4] 美国学者 Patterson 认为，著作权是控制作品首次销售的权利，即不包括作品的二次销售的权利。也就是法律只许著作权人控制对著作权的使用，但这一控制不涉及作品本身的使用。[5]

商标的国际穷竭原则在欧洲大陆首度被承认，是在德国

[1] Donald S. Chisum, Michael A. Sacobs. Understanding Intel lecture Property Law, 1996: 229.

[2] Darren E. Donnelly, Parallel Trade And International Harmonization of The Exhaustion of Rights Doctrine. 13 Santa Clara Computer & High Tech L. J, 1997: 445、447.

[3] Joseph Kohler, Recht Des Markenschutzes, 1884.

[4] Thomas Hiebert. Parallel Importation in U. S. Trademark Law, Greenwood Press, 1994: 29.

[5] L. Ray Patterson, Stanley W. Lindberg. The Nature of Copyright: A Law of Users' Right. 1991: 187.

最高法院1902年关于葡萄酒平行进口的一个案例中。[1] 不过，有学者指出，知识产权国际穷竭的根源，事实上比这更久远。[2] 美国法院在一个判例中就指出，在商标法、版权法以及知识产权法的其他领域，首次销售原则或权利穷竭原则“可以在普通法对于个人财产转让进行限制的反对态度中找到根源”。[3] TRIPs协议第6条对权利穷竭作出规定：在不违反TRIPs协议其他条款规定的情况下，各国可以自由规定本国的权利穷竭制度。

第四节　本章小结

本章的内容是知识产权限制制度与公共利益的关系。在探讨知识产权限制制度与公共利益的关系问题时，本书认为，公共利益在知识产权限制制度中具有非常重要的地位。在不涉及公共利益仅涉及个人与个人之间利益关系时，调整知识产权权利人和其他个人利益关系的法律制度主要是知识产权保护制度；在涉及知识产权个人利益与社会公共利益关系时，知识产权限制制度才成为必要。知识产权限制制度调整的是知识产权个人利益与公共利益的关系。公共利益优位原则是

---

[1] Entscheidungen des Reichsgerichts in Zivilsachen［RGZ］50，229（F. R. G）. See also Carl Bandenbacher. Trademark Law and Parallel Imports in a Globalized World – Recent Developments in Europe with Special Regard to the Legal Situation in The United States，22Fordham Int'l L. J. 1999：645，659～660.

[2] Cal Baudenbacker. Trademark Law and Parallel Imports in a Globalized World – Recent Developments in Europe with Special Regard to the Legal Situation in The United States，22 Fordham Int'l L. J. 1999：645，659～660.

[3] Sebastian Int'l，Lnc. V. Consumer Contacts（RTY）Ltd，847F. 2d 1093，1096（3d Cir. 1988）.

知识产权限制制度中的重要原则，当个人利益与公共利益发生冲突时，应当优先维护公共利益。公共利益的最终受益者是个人，而个人利益的维护有时又体现了公共利益，因此维护公共利益既是公法追求的目标亦是私法追求的目的。本书对公法与私法维护公共利益的不同点进行了比较，得出的结论是：公法对于公共利益的维护重在限制公权力，而私法对于公共利益的维护重在限制私权利。这一部分本书论述了公共利益在知识产权限制制度中的地位问题，认为当个人利益与公共利益发生冲突时应当优先维护公共利益；在对公法与私法维护公共利益进行比较的基础上彰显知识产权法维护公共利益的特殊功能；并对主要维护公共利益的知识产权限制制度的类别进行了论述。

第五章　各主要国家知识产权限制制度比较

第一节　著作权限制制度比较

著作权限制通常是指对著作权人专有权利行使的限制。从各国著作权立法的情况看，著作权限制涉及合理使用、法定许可使用、强制许可使用、权利穷竭以及公共秩序保留等制度设计。上述情形在日本、法国、德国以及美国的立法中多表述为“对著作权的限制”或“专有权利的限制”，在英国的相关立法中则称之为“有关版权作品允许实施之行为”。

一、著作权合理使用制度

著作权合理使用是指在特定的情形下，法律允许他人自由使用著作权人的作品而不必征得著作权人的同意，也不必向著作权人支付报酬的情形。著作权合理使用作为一项著作权限制制度，得到现代各国著作权法的普遍认可。[1]《伯尔尼公约》、TRIPs 协议等亦对著作权合理使用作出了具体或原则规定。

英国是合理使用制度的首创者，19 世纪以来英国法官即

---

[1] 吴汉东：《著作权合理使用制度研究》，中国政法大学出版社 2005 年版，第 1 页。

在司法实践中创制了合理使用规则。以立法文件的形式出现，始于1911年《著作权法》，该法第2条第1款规定："用于个人研究、探讨、批评、评论、报纸登载等目的时，对原作品的合理使用不构成著作权侵犯，并以此为区别著作权侵犯的相应规定。"以后该法经多次修改，又分别规定在1956年《著作权法》和1988年《著作权法》之中。❶

英国现行著作权法即《英国1988年著作权、外观设计与专制法》的第一编"著作权法"。该法第28条规定，合理使用是"可以实施而不侵犯著作权的行为"，凡法律对著作权作品未作具体说明的，合理使用适用于任何一类作品，但合理使用限于法律明确规定的情形，"不应被引申为规定于被任何作品之著作权所禁止之行为的范围"。英国著作权法规定的合理使用的主要情形有：供个人使用进行的复制；引用；时事报道中的使用；附带使用；教学活动中的录制；教学活动中的影印复制；图书馆、档案馆的复制；公共管理中的使用；对口述作品的记载或录制；对文学、戏剧、科学作品的摘取使用；对永久性陈列作品的使用；广告的使用；为慈善、福利事业目的而播放录音等。

美国是合理使用制度集大成者，其相关立法技术与学说理论对其他国家产生了广泛的影响。美国现行著作权法是对《美国法典》第17编"著作权法"全面修正和有关其他问题的法律，它颁布于1976年10月19日，于1978年1月1日生效，迄今已经历了20多次修正。美国著作权法就合理使用的一般情形作出了规定，这种规定集中体现在该法107条之

❶ William R. Cornish. *International Copyright Law*. United Kingdom, 1989: 52.

中。该条规定，为了批评、评论、新闻报道、教学、学术研究等目的而合理使用有著作权的作品，包括用复制品或录音制品，或法律规定的任何其他方式来使用该作品，都不属于侵犯著作权。但是并非所有批评与评论，新闻报道、教学活动及学术研究都当然地构成合理使用，因为具体确定对一部作品的使用是否合理，还必须考虑下列因素：（1）使用的性质和目的，包括这种使用是有商业性质还是为了非营利的教育目的；（2）享有著作权的作品的性质，不同类型作品的著作权利用形式不同，合理与否的界限也有区别；（3）所使用的作品中，被使用部分与整个作品的比例是否失当，比例若失当则不能视为合理；（4）有关的使用行为对作品的潜在市场价值有无重大不利影响，如果有这种影响，就不能视为合理。这就是判断合理使用与否的 4 条标准。美国国会在 1976 年的报告中对使用的目的和性质解释道："使用是否具有商业性质，在关于合理使用的认定中具有重要意义，使用他人作品是否具有商业动机与公众是否从这种使用中取得利益无关。"[1] 值得注意的是，合理使用通常只限于已发表作品，对于未发表作品，无论出于何种目的，都有可能侵害作者的"发表权"和"私人秘密权"。在美国，虽有个案显示了对于未发表作品的合理使用，[2] 但直到其 1992 年 10 月 24 日法（第 102 ~ 492 号公法）才从立法上确立了此规则，该内容已列入了美国著作权法第 106（A）条第 2 款。该款特别强调，"只要有关合理使用的调查是建立在对考虑上述要素基础上

---

❶ William F. Patry. *The Fair Use Prillege In Copyright Law*. 1986：365.

❷ Harry G. Henn. *Copyright Law*, 1988, p. 180.

的，那么某作品未发表的事实本身并不能阻止它的进行”。也就是说，对未发表作品的使用，只要其符合上述合理使用的一般标准，也构成著作权合理使用。

美国著作权法除规定了合理使用的一般条款外，还规定了合理使用的其他条款，包括图书馆和档案馆的复制、非营利性机构对录音制品等的转移、非营利性的演出或展出、某些二次播送、临时性录制等（第108～112条）。

法国现行著作权法是1992年7月1日通过的第92－597号法，即《法国知识产权法典》之“文学，艺术产权”部分。法国著作权法关于合理使用的规定比较简略，主要集中在该法第L.122－5条中。该条规定，作品一旦发表，作者就不得禁止下列行为：仅在家庭范围内进行的和人无偿表演；不是为集体使用而仅是为了复制者本人使用，除非复制件的使用目的与原作的目的相同；允许在评论、论述、教学、科学和情报作品中进行分析和简短引用，但要指出作者姓名，材料来源；指明作者姓名、材料来源的新闻评论；公开演说和官方文件；在符合有关体裁规律的前提下，在讽刺、模仿、漫画作品中使用作品等。

法国著作权法第L.122－6—1条还特别规定了对软件作品的合理使用问题。此外，该法第L.122－9条还规定，如果已故作者的代理人在行使或不行使公开作品的权利中有明显滥用权利的情况，民事法院可以命令采取适当的措施制止。

德国著作权法（《德国著作权法与邻接权法》，1965年颁布）最新版为2003年9月10日修订颁布的《关于调整信息社会著作权的法律》。该法由5章组成：著作权；邻接权；关于电影的特殊规定；适用于著作权与邻接权的共同规定；适用范围过渡条款与最后条款。此外该法还以附件形式规定了法定许可制度新允许的复制收费标准。

德国著作权法第1章第6节是对著作权限制的规定，其中所规定的合理使用的情形主要有：临时复制行为；维护权利与公共安全的复制；学校广播电视节目的使用；公开演说；报章文章和广播电视评论；关于时事的新闻报道；引用；公开再现使用；为课堂教学与研究目的而进行的公共传播等。

可以看出，合理使用制度是现代各国著作权法普遍采用的一项法律制度，各国著作权法均对合理使用制度进行了规定。（1）在对合理使用的称谓上，美国等英美法系国家多称为“合理使用”，以此作为对著作权专有权利的限制；德国等大陆法系国家在其立法文件中一般不直接采用“合理使用”的用语，而是将其包括在“著作权的限制”名目之中。（2）尽管英美法系和大陆法系国家的著作权限制立法文件中对“合理使用”有不同表述，且适用的情形也不尽相同，但一般都认为，个人使用，新闻报道使用、转载或转播使用、教学使用、公务使用、图书馆使用、免费表演、公共场所陈列的作品的使用等均属于合理使用的范围。（3）从各国合理使用制度的立法看，多数国家采用列举式立法模式规定合理使用的范围和条件，但也有少数国家的立法体现了本国特色。美国著作权法规定了判断某一行为是否构成合理使用的4条标准，以此为原则，某一行为是否为合理使用则交法院认定，这种由立法机关规定合理使用的判断标准，由司法机关负责解释和认定的做法有独到之处，值得各国学习和借鉴。我国著作权法规定的将中国公民、法人或者其他组织已经发表的以汉语言文字创作的作品翻译成少数民族语言文字作品在国内出版发行和将已经发表的作品改成盲文出版两种合理使用情形，亦体现了我国著作权限制的立法特色。(4) 发达国家对合理使用范围本身采取严格的限制措施。如德国现行著作权法规定“若基本上全篇复制图书或者杂志，只要复制行为不是以抄写的方式进行，一律应当取得权利人许可”。澳大利亚将“为科研及个人使用目的而复制有版权作品”与“为教学目的而复印有版权的作品”区分开来，前者仍为合理使用，后者则须向作者支付报酬。法国现行著作权法亦对限制合理使用作了类似规定。德国立法规定：“对特定用于学校课堂教学的作品而进行公共传播必须征得作者的同意。”美国则主要采取征收复印版税的方法，在传统的“合理使用”范围内对作品的使用征收复印费用。

二、著作权法定许可使用制度

著作权法定许可使用制度是著作权限制制度中一项重要的法律制度，其涉及的权利包括表演权、录制权，广播权、汇编权等。各国法律对此项制度的规定不尽一致。法国著作权法未对著作权的法定许可作出规定。德国现行著作权法对著作权法定许可则有比较详细的规定。该法第 46 条规定：为宗教、学校或课堂教学目的而将已出版的短篇或单篇的语言作品、音乐作品、艺术作品等编入集体作品中，为此而复制或传播；第 49 条第 1 款规定：复制或公开传播单篇广播评论和报纸文章等，其内容应为日常的政治、经济或宗教问题，且文中未注明不许转载；第 54 条规定：如果根据作品的性质，预料作品将会通过录制广播节目，转录现有录制品的方式进行复制而用于个人使用，则该作者有权向这些录音、录像设备的制造商或进口商就提供此种复制机会而索取合理的报酬，此项权利可通过收费机构行使。这些都是法定许可的规定。此外，匈牙利、丹麦等国著作权法亦作了类似规定。前苏联民法典曾规定了比较宽泛的法定许可使用类型：公开演出已经出版的作品；为了公开复制或发行，用胶片或其他方式录制已经发表的作品，但不包括通过电影、广播或电视使用作品；作曲家利用已经出版的文学作品创作有文字的音乐作品；在工业产品中利用造型工艺品和摄影作品等。在大陆法系国家中，意大利对法定许可使用规定了一个相同宽泛的范围，《日本著作权法》第33条、第34条和第36条亦规定了法定许可使用的几种情形。

美国著作权法无法定许可的专门规定。英国1956年的《著作权法》规定了著作权法定许可制度。1956年的《英国著作权法》第12（6）款规定，只要音乐作品已经作者同意而录制成录音制品并已发行，其他录制者即可不经作者许可再行录制，但要向作者付酬。然而，1988年修订后的《英国著作权法》取消了这种法定许可制度。属于英美法系国家的加拿大，其现行著作权法（1924年著作权法）规定：已出版的作品，其作者出世25年后允许复制，但复制者必须将其复制的意图按规定作出书面通知，并按规定支付版税（第7条）；任何人依据著作权上诉委员会（后改为著作权委员会）的规定，定期向各个表演权协会支付一笔费用后，即可以获得公开播放音乐或者音乐戏剧作品的许可（第48~50条）；任何音乐，文学或戏剧作品制成磁带、唱片或其他类似制品，若该制品以前已由著作权所有人制作或经其同意制作，或者制作人已按规定通知了制作意图并已支付规定的版税，则其制作不应认为是对作品著作权的侵犯（第19条）。关于录制作品的许可至1988年修订《著作权法》时予以废止。为了解决教育机构和助残机构复制作品所引起的问题，澳大利亚在1980年对1968年的《著作权法修正案》中规定了法定许可制度，1988年的《著作权修正案》以法定许可证形式允许教育机构及救助弱智者的机构复制广播电视节目用于教育和救助。经规定，援助弱智人机构可以通过法定许可制度来复制作品，广播电台为了帮助有视力障碍的人可以广播已出版的文字和戏剧作品。虽然实施上述行为不需要经过著作权人许可，但必须向其支付报酬。

综观各国著作权法关于法定许可的规定，不难看出各国著作权法定许可制度：（1）主要涉及的是著作权人（作品作者）与邻接权人（作品传播者）之间的关系，其使用的对象只能是已发表的作品，设立这一制度的主要目的是为了简化著作权手续，促进作品广泛、迅速传播。（2）著作权法定许可使用不得损害原著作权人的权益，并应向著作权人支付报酬，或是直接向著作权人支付或是向集体管理机构支付。（3）就著作权法定许可使用的范围而言，公有制国家的许可范围一般宽于私有制国家，发达国家对许可范围的限定一般严于发展中国家。我国《著作权法》亦规定著作权法定许可使用制度。《著作权法》第23条规定，为实施九年制义务教育和国家教育规划而编写出版教科书，除作者事先声明不许使用的外，可以不经著作人许可，在教科书汇编已经发表的作品片段或者短小的文字作品、音乐作品或者单幅的美术作品，摄影作品，但应当按照规定支付报酬，指明作者、作品名称，并且不得侵犯著作权人依照本法享有的其他权利。第

32 条第 2 款规定，作品刊登后，除著作权人声明不得转载、摘编以外，其他报刊可以转载或者作为文摘资料刊登，但应当按照规定向著作权人支付报酬。第 39 条第 3 款规定，录音制作者使用他人已经合法录制为录音制品的音乐作品制作录音制品，可以不经著作权人许可，但应当按照规定支付报酬；著作权人声明不许使用的除外。第 42 条第 2 款规定，广播电台、电视台播放他人已发表的作品，可以不经著作权人许可，但应当支付报酬。这些即是我国《著作权法》关于法定许可使用的规定。同其他国家的法定许可使用制度相比，我国著作权法定许可使用制度规定了使用的一个前提条件，即作者声明保留权利的除外，这与国际上通行的法定许可使用有较大的区别。（4）随着新技术的出现和冲击，使得法定许可使用的范围有扩大趋势。“由版权法确定的某一种许可证被版权人发出后，即暗示着另外几种传播权的许可”。[1] 与此同时，传统合理使用中的某些情形亦转变为法定许可使用。如关于复制版税，德国、意大利、澳大利亚等国均规定，为个人使用目的复制他人作品，应向著作权人支付法定的报酬。在部分复制、录制领域内征收版税，使原来的合理使用变成了法定许可使用。

三、著作权强制许可使用制度

著作权强制许可使用制度现已为世界各国普遍采用。它的功能在于借助强制许可证的方式限制著作权人的专有权利，确保公众接触作品、使用作品的可能性，以促进整个社会科

[1] 郑成思：《版权法》，中国人民大学出版社 1990 年版，第 270 页。

学、文化事业的发展。由于各国政治、经济、文化等因素的差异，因而不同国家对著作权强制许可使用制度的规定不尽一致。

美国是最先以成文法形式规定著作权强制许可使用制度的国家。1909 年《美国著作权法》率先以成文法的形式规定了这一制度，1976 年修订《美国著作权法》时又对此作了系统的规定，美国现行著作权法无法定许可的专门规定，但其关于强制许可使用的规定条款则比较详细。《美国著作权法》从第 111 ~ 118 条详细规定了强制许可使用的范围：（1）通过有线广播系统的二次播送；（2）制作和传播非戏剧的音乐作品的录音制品；（3）通过自动点唱机公开演奏非戏剧的音乐作品；（4）使用某些与非商业性广播有关的作品。美国的强制许可使用制度以音乐作品为主要使用对象，其利用方式则涉及广播与录制。《加拿大著作权法》关于著作权权利的限制制度有合理使用、法定许可使用、强制许可使用等多种形式，因此有关著作权强制许可使用制度的规定比较简单，其适用范围主要涉及复制权与表演权。《加拿大著作权法》对有关强制许可证的申请、缴纳版税、适用条件等程序都有具体规定。申请强制许可的事由是：（1）已故作者的作品著作权人拒绝重印或者不允许公开演出该作品；（2）著作权人对于其作品不能在加拿大本土印制，或者不能为加拿大提供该书的合理需要数量。

《法国著作权法》未对著作权强制许可作出规定。《德国著作权法》仅在第 61 条规定了“制作音响载体的强制许可证”，如果音响载体制作者被授予为营业目的将音乐作品转移到音响载体上并将载体复制与传播的用益权，著作权人在作品出版后有义务向本法适用范围内拥有主公司或住所的任何其他音响载体制作者以适当条件授予同样内容的用益权。该项条款不适用于下列情况：（1）上述用益权经允许已由一家实施机构实施；（2）该作品已不符合作者信念而不能要求继续使用，并由作者已收回现有的收益权；（3）为制作电影而要求再次发给许可证。日本现行著作权法即1970年著作权法已经多次修订。《日本著作权法》除规定了法定许可之外，还授权文化厅长官在新规定的情况下当事人双方就著作物的使用未能达成许可协议或不能协商时，依第67～69条规定裁决授予强制许可。第67～69条分别规定了著作权人不明时使用已出版作品的强制许可、广播已出版作品的强制许可、制作唱片的强制许可等情形。可见，《德国著作权法》较之《日本著作权法》设定了一个更为狭小的强制许可使用范围，其第61条规定的许可证对象仅限于音乐作品，使用方式则表现为录制。即使如此，《德国著作权法》2003年修订本已废止了该条（第61条）的规定。

对比两大法系国家著作权立法对著作权强制许可使用制度的规定，可以看出它们之间存在差异，亦有共同之处：（1）美国是少数未实行法定许可使用制度的国家，作为法定许可使用的替代品，强制许可使用制度在美国著作权立法中占有重要地位。《美国著作权法》规定的著作权强制许可使用，其作品适用范围较广，使用权项的种类亦多样化。而大陆法系国家一般均同时采用法定许可使用制度和强制许可使用制度，以一制为主一制为辅。（2）美国等发达国家在对待外国使用本国作品的问题上主张著作权强保护策略，而发展中国家为了缩小与发达国家经济上的差距，希望能以自己可以负担的价格得到发达国家有著作权的作品。发展中国家与发达国家长期斗争和合作，促成了1971年在巴黎对《伯尔尼公约》和《世界版权公约》的修订，制定了有利于发展国家翻译和复制作品的强制许可证特别条款。（3）各国的著作权强制许可使用制度均是针对已发表的作品而言，并且只有申请并获得批准的人才可以行使。与著作权法定许可使用不同，著作权强制许可使用的权源不是来自法律的直接规定，而是来自主管机关的批准。

四、著作权权利穷竭制度

所谓权利穷竭，指的是权利人行使一次即告尽了有关权利，不能再次行使。这一原则，严格地讲仅仅适用于经济权利中的发行权。[1] 权利穷竭意味着一旦作品的原件或是复制件经权利人同意而进入市场后，则该作品作为商品进一步销售，著作权人均无权控制。设立著作权权利穷竭制度的目的在于消除著作权的专有性对商品流通所产生的消极影响。

《英国著作权法》第18条明确规定，公开发行作品复制件是著作权所禁止的行为，但是其后对此种复制中的任何批发、销售、出租、出借或进口，均属专有权利行使的例外。这即是关于著作权权利穷竭的规定。按照《美国著作权法》第109条的表述，凡合法制成的作品复制件或录音制品的所有人，或该所有人的任何授权，无须经著作权人的同意，即有权出售或以其他方式处置该复制件或录音制品的占有权。《德国著作权法》第17条第2款亦规定了著作权权利穷竭制

[1] 郑成思：《版权法》，中国人民大学出版社1990年版，第272页。

度。该款规定，当权利人同意将作品原件或复制件在欧洲联盟内或者在欧洲经济区的某个其他国家内以出售的方式予以发行时，本法允许将这些原件或者复制件予以进一步发行。不过，法国、意大利、日本等国的著作权法未涉及权利穷竭问题。

一般来说，权利穷竭原则上只适用于作品的再次出售、散发或其他方式的使用。至于是否包括作品的出租，各国著作权法的规定亦不完全相同。《美国著作权法》第106条对发行权的解释是：通过出售或所有权转移的其他方式，或通过出租或出借，向公众发行有著作权作品的复制件或录音制品。由此可见，《美国著作权法》中所规定的发行权包括出租权。而《德国著作权法》在第27条规定了“复制物的出租或出借”的权利，在第17条第1款又规定发行权是指将作品原件或复制件提供给公众或投入交易的权利。可见，在《德国著作权法》中，发行权与出租权是两次分列的权利。

出租权的出现，在某种程度上削弱了权利穷竭制度的功能，它在录制品范围内，对著作权权利穷竭进行了反限制。我国2001年修订后的《著作权法》第10条增加规定了著作权人的出租权，这与新技术条件下著作权限制制度的发展趋势相吻合。

第二节　专利权限制制度比较

一、专利强制许可制度

强制许可是一种实施专利许可，它是与自愿许可相对而言的，是专利主管机关根据国家、社会公共利益的需要而不考虑专利权人的意愿，允许他人实施专利权人之专利。世界上大多数国家专利法中都有强制许可的规定。强制许可也是国际知识产权条约的要求，《巴黎公约》第5条、TRIPs协议第31条均对此作了规定。

《法国知识产权法典》第L.613－11条规定了不实施专利的强制许可。该条规定：专利颁发3年期满或申请4年期满后，专利人或其权利继受人在其专利被申请适用强制许可时无正当理由，且有下列情事，任何公法或私法的人可依以下各条获得强制许可证：（1）只要在欧洲经济共同体成员国或欧洲经济空间协定成员国领土上，尚未开始使用或未作真实有效的使用准备；（2）未以足够数量销售专利产品以满足法国市场的需要的。上述（1）所述使用及（2）所述销售已停止3年以上的亦然，为实施本条之用，进口建立世界贸易组织协议成员国所生产的专利产品，视为专利的使用。从该条的法律规定可以看出，法国所规定的专利强制许可实施的范围不仅限于本国，而且包括了欧洲经济共同体成员国或欧洲空间协定成员国，其地域范围较广，对专利权人的要求较为宽松。在销售问题上，该条要求销售的专利产品应满足法国市场的需要，这是对强制许可实施充分的一个限制。《法国知识产权法典》还规定了从属专利的强制许可。《法国知识产权法典》第L.613－15条规定：应改进专利人要求且改进专利发明较前一专利具有显著技术进步和重大效益的，大审法院在检察院出庭的情况下，可在L.613－11条规定期满后，出于公共利益并在实施改进专利所必需的范围内，向改进专利人颁发许可证。前一专利人向法院申请，即可获取改进专利的许可。此条规定与TRIPs协议第31条的规定完全一致。

《日本专利法》对不实施专利的强制许可的授予条件作了明确规定。《日本专利法》第83条规定：（1）专利发明的实施连续3年以上未在日本国内适当开展时，欲实施该专利发明者，得向专利权人或者独占实施权人就许可普遍实施权进行协商。但是，自该专利发明有关的专利申请之日起未经过4年时，不在此限。（2）前款的协商不成立，或者未达到协议时，欲实施该专利发明者，得请求专利厅长官裁定。此条规定对实用新型专利同样适用，而且它对专利强制许可实施的时间的规定与《巴黎公约》完全一致。《日本专利法》第92条还详细规定了从属专利的强制许可制度，其适用条件包括：（1）后一专利权与前一专利权存在从属关系，不实施前一专利，则后一专利也无法实施。上述两项专利权既可为发明专利权，也可为实用新型专利权或外观设计专利权。（2）后一专利权人已与前一专利权人进行过实施发明的协商。（3）前后两专利权人协商不成或不能达成协议，双方提请专利厅长官裁定。（4）如果设定强制许可会对专利权人或独占实施人的利益造成不当损害时，专利厅长官不能作出设定该普通实施权的裁定。《日本实用新型法》第22条亦有第（4）项之类似规定。日本从属专利的强制许可的范围现包括发明，也包括实用新型和外观设计，其实施范围较为广泛，虽然法条中并未明确规定第一专利更比前一专利有较大的技术进步，但实践中是这么认定。除规定了不实施专利的强制许可和从属专利的强制许可外，《日本专利法》还规定了为公共利益目的的强制许可。该法第93条规定：专利发明的实施为公共利益而必要时，欲实施该专利发明者，得向专利权人或者独占实施权人就普通权的许可要求协商，前款的协商不成，或者未能达成协议时，欲实施该专利发明者，得请求通商产业大臣裁定。

美国专利法未规定专利强制许可实施制度。英国专利法则对有关不实施专利的普通强制许可的授予条件作了详细规定。依据《英国专利法》第48条之规定，从一件专利批准之日起3年期满以后，或可能规定的其他期限满期后的任何时间，任何人皆可根据法定的理由向专利局局长请求颁发强制许可证。这些理由包括：（1）该项专利发明能在联合王国作商业性实施而未作商业性实施或未在商业上尽可能作最大限度的实施。（2）当专利发明是一项产品时，联合王国对此项产品的需求：缺乏有利的条件来满足该产品的需求或者在相当大的程度上依靠进口。（3）该项专利发明可能在联合王国作商业实施，但实施受到了阻止或妨碍或者是因为进口的产品所造成的，或者是因为利用方法专利技艺的直接产品或应用该工艺制造的产品的进口造成的。（4）由于专利权人拒绝按合理条件签发许可证，致使对联合王国制造的任何专利产品的出口市场未能提供货源，或者使对技艺有重要贡献的任何其他专利发明在联合王国工商业活动的开办或发展，受到了不合理的妨碍。（5）专利权人对签发许可证或处理或使用该专利产品或专利工艺的使用强加条件，致使不受该专利保护的材料的制造，使用或处理，或在联合王国的工商业活动的开办或发展受到不公平的妨碍。

从各国专利法对专利强制许可实施制度规定的情况看，除美国等少数国家外，多数国家对专利强制许可实施的情形都作了规定，但是亦不完全相同：（1）英国专利法只规定了有关不实施专利的普通强制许可；法国专利法规定了不实施专利的强制许可和从属专利的强制许可两种情形；日本专利法则规定得比较全面，它对不实施专利的强制许可，从属专利的强制许可，为公共利益目的的强制许可均作了规定。我国新修订的专利法亦对上述三种情形的发明和实用新型专利强制许可作了规定。（2）就专利强制许可的审批机关而言，各国专利法规定的情况可分为两类：一类是将审批的权力交给行政机关行使，如日本、英国等。另一类则是将审批的权力交给法院行使，如法国等。尽管由法院审批可能较为公正，但由于程序复杂、费用较高，实践中由行政机关特别是专利局负责审批的居多。我国《专利法》将专利强制许可的审批机关规定为国务院专利行政部门，同时又在《专利法》第55条中规定专利审批机关关于实施强制许可的决定要接受司法审查以确定其最终的法律效力。（3）各国专利法除规定了专利强制许可实施制度外，为了防止不合理地损害专利所有人的合法利益，各国法律又普遍规定了对专利强制许可的限制。如《法国知识产权法典》第L.613－12条、第L.613－13条、L.613－14条以及第L.613－19－1条，《日本专利法》第83－94条即是对强制许可决定的限制的规定。这些规定与《知识产权协议》的要求基本一致。此外，英国、加拿大等国还规定了专有强制许可使用制度。我国现行《专利法》对有关专利强制许可决定的限制的规定亦非常详细，不过我国《专利法》没有规定半导体技术的强制许可实施及限制问题，而且不允许转让强制许可实施权。

二、专利权穷竭制度

专利权穷竭是指专利权人自己创造的专利产品或者许可他人制造的专利产品（包括依据其专利方法直接获得的产品）被合法地投放市场后，任何人对该产品进行销售或使用，不再需要得到专利权人的许可或者授权，且不构成侵权。专利权穷竭是针对每一件合法投放市场的具体专利产品而言，它并不会导致该项权利本身效力的终止。这项制度产生的前提是专利产品合法进入流通领域；设计这项制度的目的是为了防止专利权对国内商品的市场流通造成阻碍，专利权穷竭一般指专利权国内穷竭。

《法国知识产权法典》第 L. 613—6 条明确规定了专利权的穷竭制度。该条规定：对专利人或经其明确同意已投放法国或欧洲经济空间协定成员国市场的产品，专利权不得延伸到在法国领土上完成的由该专利覆盖的产品的行为。依据这一规定，法国不仅承认了专利权在法国国内的穷竭，而且将穷竭的效力延伸到整个欧洲经济空间协定成员国。《日本专利法》没有对专利权穷竭制度予以明文规定，但其在司法实践中亦承认这一规则。英国、美国等国家在司法实践中也承认专利权穷竭制度的应用。我国《专利法》第 63 条第 1 款第（1）项即是专利权穷竭制度的规定。这种规定与其他国家的做法基本一致。

三、先用权制度

所谓先用权，是指在他人提出专利申请之前，不知道发明的内容而独自研究出与申请专利的发明同样的发明，或者以正当的方法从研究发明的人那里得知该发明的人，在国内已实施或已准备实施该发明时，在他人取得专利权后，仍可在一定的范围内继续实施该发明的权利。先用权制度是对先申请制度的一种补救制度，是专利权限制的具体制度之一。先用权的立法目的在于限制专利权人的专利权保护相同发明中没有申请专利的发明人的利益，以“维护公众的合法权益”。[1] 世界上大多数国家规定了先用权制度。

《法国知识产权法典》规定了先用权制度。该法第L. 613—7条规定：在本卷适用的领土上，任何人于专利申请提交日或优先权日已善意占有有关专利所保护的发明的，可以个人名义使用该发明而不问该发明的存在。本条承认的权利只可与其所依附的营业资产、企业或部分企业一同转让。该条规定具有以下特色：（1）在来源上，只笼统地规定先用权人在专利申请日或优先权日已善意占有专利所保护的发明，而未具体规定是如何占有的；（2）在效力上，只规定了先用权人有权使用该发明而未对使用的范围作出具体的规定，因此，先前占有者可以扩大其实施的规模，也可以中断实施，然后再恢复实施。

《日本专利法》亦规定了先用权制度。《日本专利法》第79条规定：不知与专利申请有关的发明内容而自行做出该发明，或者不知与专利申请有关的发明内容，而由发明人得知该发明，并在专利申请时已在日本国内经营实施该发明的事业者或者准备经营该事业者，在该实施或者准备实施发明及事业的目的范围内，就与该专利申请有关的专利权拥有普遍

[1] 尹新天：《专利法的保护》，知识产权出版社2005年版，第31页。

实施权。《日本实用新型法》第26条及《日本外观设计法》第29条对此也作了类似的规定。从日本法律的规定来看，其先用权的设定有以下特点：（1）在该发明的来源上，先用权人事先不知与专利申请有关的发明内容而自行做出该发明，或者不知与专利申请有关的发明内容，而由发明人得知该发明；（2）在行为上，先用权人在专利申请时已在日本国内经营实施该发明或者准备经营该事业；（3）在效力上，先用权人只能在该实施或准备实施发明及事业的目的范围内，就与该专利申请有关的发明来实施，而不能超出该范围。

《英国专利法》第64条也规定了先用权制度。当一项发明获准专利时，一个人在联合王国于发明的优先权日之前，采取了一项善意行为，如当时专利已生效，将构成专利侵权行为。如此人善意地作了有效而认真的准备去作此行为，那么此人就获得了先用权。任何这样的一个人有权由其本人作出或继续作出此行为。假如他在事业经营中作出了该行为，或为作出该行为作了准备，作出行为或准备行为的权利可以授予他人，或在个人亡故时或法人解散时转授给他人；条件是这种行为或行为的准备是属于承受人接受的那部分事业的，或授权给该事业中在进行该行为时的合伙者作出该行为。换言之，在专利权人的申请日之前，如有人实施了该发明或准备去实施该发明，则其有权继续实施，且可将该权利转让给他人。从上述规定来看，《英国专利法》的规定与法国法律的规定基本相同。而美国等极少数在专利申请上实行先发明制度的国家，没有先用权制度。

我国现行《专利法》第63条第1款第（2）项规定了先用权制度。

四、专利权合理使用制度

专利权合理使用是指非商业的、不以营利为目的，在科学研究和实验中使用有关专利。[1] 合理使用的初衷在于解决后来者以创新为目的使用专利的问题。这种使用因为范围较窄，既不会对专利权人的利益实现形成阻碍，又能鼓励发明创新和技术进步，是对专利权的合理限制。当然，它还应包括为发展国际交通运输业而规定的临时过境使用等。

法国、英国等国专利法中即有个人非为商业目的而使用的规定。依据《法国知识产权法典》第 L. 613 - 5 条的规定，专利授予的权利不包括在私人范围内且非商业的使用。我国《专利法》无此规定。

为科学研究或实验目的而使用专利，在大多数国家都不作侵权行为处理。《法国知识产权法典》第 L. 613 - 5 条规定，专利授予的权利不包括有关已获专利发明的实验性行为。《日本专利法》第 69 条第 1 款亦有“专利权的效力不及于为试验或者研究目的而实施专利发明”的规定。此外，《英国专利法》第 60 条第 5 款、我国《专利法》第 63 条第 1 款也有类似规定。

世界上大多数国家在专利法中规定有临时过境制度。《英国专利法》第 60 条第 5 款第（4）项、第（5）项、第（6）项也规定了临时过境制度，其对象限于联合王国或《巴黎公约》成员国的飞机、船舶或陆上运输工具。《美国法典》第 35 编第 272 条规定了临时过境制度，其内容较为详细：“任

[1] 张玉敏主编：《知识产权法学》，中国检察出版社 2002 年版，第 205 页。

何国家的船舰、飞机或车辆使用任何一项发明而暂时地或意外地进入美国，如果该国对美国的船舶、飞机或车辆也给予同样的权利时，该项使用不构成对任何专利权的侵害，但该项发明必须是专为船舰、飞机或车辆的需要而使用，并且不在美国出售，或者不用于制造在美国出售或从美国出口的任何物品。”从该规定可以看出，能够在美国适用临时过境制度的国家可以为任何一个国家，其保护的基础是互惠待遇。在使用该专利产品时只能为运输工具本身的目的而使用，不能用于营利。《日本专利法》第69条第2款也规定了临时过境制度，但与《巴黎公约》有一定的差异，即临时通过日本境内的船舶或飞机，或者该船舶或飞机使用的机械、器具、装置及其他物品，为专利权的效力所不及。可见，《巴黎公约》所规定的临时过境的对象仅为该公约成员国的交通工具，而《日本专利法》所规定的对象包括了《巴黎公约》成员国以外的其他国家。此外，《日本专利法》未规定陆地交通工具的临时过境问题，这与日本的地理状况有关。但是，船舶上如果运载的汽车仅仅是为通过日本而使用时，也应当认为发动机的专利权不及于该汽车的发动机。

我国《专利法》第63条第1款第（3）项对有关临时过境的规定比较具体。

除以上这些常见的专利权限制制度外，一些国家还规定了较为特殊的专利权限制制度，主要有法国的征用许可证制度、我国的指定许可制度等。

第三节　商标权限制制度比较

商标权的限制是指商标权人与他人的权利及社会公共利益发生冲突，为了平衡各方利益，在某些情形下，法律对商标权人权利的行使和保护作出限制的规定。[1] 商标权的限制属于知识产权限制的范畴。与著作权的限制、专利权的限制相比，各国立法对商标权的限制远不如对著作权和专利权限制那么普遍，也不如对著作权和专利权限制那么严格，而且一般不允许对商标权实施强制许可。但是一些知识产权法律制度较为完善的国家的商标法均对商标权的限制作出了相应规定，均建立了商标权限制制度。各国的商标权限制主要包括商标权合理使用、商标先用权、商标权的穷竭等。

一、商标权合理使用制度

商标权合理使用是指商标权人以外的人在一定条件下以善意正当的方式使用商标权人的商标而不视为侵犯商标权的行为。商标权合理使用越来越被世界各国所认识并反映在有关商标的立法中。《法国知识产权法典》第 L. 713－6 条规定，商标注册并不妨碍在下列情况下使用与其相同和近似的标志：（1）作为公司名称、厂商名称或牌匾，只要该使用先于商标注册，或者是第三人善意使用其姓氏；（2）标注商品或服务尤其是附件或零部件的用途时所必须的参照说明，只要不致导致产源误认。日本 1991 年修改《商标法》时亦规

[1] 吴汉东主编：《知识产权法学》，法律出版社 2004 年版，第 220 页。

定：(1) 他人以正常方式使用自己的肖像、姓名、名称、雅号、艺名、笔名；(2) 他人以正常方式表示该商品或服务或类似商品、服务的普通名称、产地、销售地、质量、原料、性能、用途、形状、价格等；(3) 他人以正常方式对商品或服务所作的说明。只要上述情况下的使用是善意和正当的，即不构成侵犯商标专有权。《德国商标法》(即《德国商标和其他标志保护法》) 第 23 条也作了与此类似的规定。

《英国商标法》第 11 条第 2 款规定，如果一个人根据工商事务中的诚信原则来使用自己的名字或地址，使用关于商品的种类、质量、数量、用途、价值、地理来源、生产日期或服务的提供、或商品或服务的其他特点的说明，或说明某一产品或服务的用途（尤其是附件和备用件）时，虽然使用了商标的构成要素，其行为也不构成侵权。美国《兰哈姆法》第 33 条第 2 款第 (2) 项规定，将并非作为商标，而是有关当事人自己的个人名称的使用，或对与该当事人的产品或者服务，或地理产地有叙述性的名词或图形使用等情形，作为合理使用。

我国《商标法》未规定商标权合理使用制度。但 1999 年 12 月国家工商行政管理总局《关于商标执法中若干问题的意见》中规定了商标权合理使用制度，2002 年 8 月修订的《商标法实施条例》肯定了国家工商行政管理总局的做法，在第 49 条增加规定了商标权合理使用制度的内容。

二、商标先用权制度

商标先用权是指在他人获得商标权之前已经使用该商标的人，享有在原有范围内继续使用该商标的权利。先用权制度在专利法中确立并被普遍承认，但在商标法中尚未被普遍接受。由于商标先用权制度是针对注册在先的商标的，因而这项制度主要存在于实行注册产生商标权的国家。商标先用权制度能克服商标登记注册制度的缺陷，弥补商标申请在先原则的不足。

两大法系国家关于商标先用权制度的规定有所不同。《美国商标法》第2条规定，在商业中因为并存的合法使用而使之有权使用的商标可以准予并存注册。产生并存注册的必要条件是，在后申请人对其商标的商业使用必须先于在先注册申请人或者注册人在美国专利商标局提出商标申请之日，否则不存在并存注册。如果有管辖权的法院终审决定一个以上的人有权在商业中使用相同或者相似的商标，可由专利商标局长准予并存注册，同时规定各商标所有人使用其注册商标的方式、地点或者有关商品的条件和限制。《英国商标法》规定，在他人注册或者使用商标之前，在特定地域内商业过程中连续使用未注册商标或者其他标志不构成对注册商标的侵害。此处的未注册商标和其他标志作为“在先权利”受到保护。但该法对“在特定地域内”未作规定，留由法庭作更为明确的界定。《日本商标法》第32条规定，在他人申请注册商标之前，在日本国内非以不正当竞争为目的就已在该商标注册申请指定的商品或服务或者类似商品或服务上使用与申请注册商标相同或者近似的商标，而且作为区分与自己业务有关的商品或服务的标志至他人提出商标注册申请时已在消费者中广为知晓的，该商标使用人有权继续在前述商品或者服务上使用该商标。

通过上述关于商标权的规定来看，美国和英国的商标法没有在字面上就在先使用人的主观状态作出规定，美国商标法更注重在使用后果上要求“不会造成混淆、误认或者欺骗”。与英国的商标立法相比较，美国商标立法给予在先使用人的救济最为有力，它不但承认在先使用人可以有条件地继续使用，而且可以有条件地予以并存注册。日本商标法则强调在先使用人的主观状态，即使用人的使用必须出于“善意”或者“非以不正当竞争为目的”，而且日本商标法要求在先使用商标“作为区分与自己业务有关的商品或服务的标志至他人提出商标注册申请时在消费者中广为知晓”。日本商标法要求有关在先使用的商标必须是“广为知晓”的规定过于严格，不利于保护善意在先使用人的利益。

就我国商标立法来说，以前对未注册的在先使用商标的权益没有详细规定，以致抢注之风盛行。我国《商标法》实行自愿注册原则，从理论上说这等于是间接承认了未注册商标的合法地位。事实上，使用未注册商标现象在我国大量存在。虽然实施商标战略原则上要求应当强化对商标的注册，以争创驰名商标，但现实中因为很多特殊情况使得使用未注册商标存在经济上的合理性。我国《商标法》第31条对未注册商标的保护进行了规定。该条规定，申请商标注册不得损害他人享有在先权利，也不得以不正当手段抢先注册他人已经使用并有一定影响的商标。这虽然在一定程度上解决了防止抢先注册他人拥有一定声誉的在先使用商标问题，但在维护在先使用人利益方面仍然存在不足。换言之，现行的立法规定只是在一定程度上赋予了在先使用权，而并未对在先使用权的内涵和范围作出明确规定。这需要在建立我国商标先使用权制度时不断完善。

三、商标权穷竭制度

商标权穷竭又称为商标权用尽或权利穷竭。它是指商标权人或者其被许可人将附载商标的商品投入市场销售后，其他任何人进一步使用或者销售该商品，都不受商标权人的控制。换言之，当附载商标的商品进入市场流通后，商标权人对该商品商标权意义上的控制权即告穷竭，商标权人不能禁止该商品在市场上进一步流通，也不能禁止其他任何人使用该商品。

国际立法和各国商标法中明确肯定了这一制度。保护知识产权联合国际局（BIRPI）颁布的《BIRPI 发展中国家示范法》第 20 条规定，商标的注册不应授予注册所有人以排除第三人在标有注册商标的商品在本国合法销售以后在该商品上使用同一商标的权利。《欧共体商标条例》第 13 条规定，共同体商标权人或者经其同意的人将附载商标的商品在共同体内投入市场后，商标权人的权利不得用来禁止在该商品上使用商标。《德国商标法》第 24 条第 1 款规定，权利人或经其同意的其他人，将使用其商标或其他标志的商品投入德国、欧洲联盟其他成员或其他欧洲经济区协定缔约国的市场之后，该商标或商业标志的权利人应无权禁止该标志在上述商品上使用。

在商标权穷竭的地域范围方面，主要有国内穷竭和国际穷竭两种观点。国内穷竭说主张，商标权在一国范围内的穷竭并不必然导致在其他国家的穷竭。换言之，附载商标的商品在进行跨国流通时，商标权人仍享有禁止未经许可的进出口行为。国际穷竭说则认为，商标权在一个国家或地区穷竭后，即意味着在其他国家或地区也穷竭了，此时商标权人对附载该商标商品的跨国流通不再享有控制权，他人将附载该商标的商品转售和处置行为，权利人都无权干涉。一般来说，发达国家基于其在国际贸易和知识产权保护中的优势地位而极力主张商标权的国内穷竭说。《美国关税法案》第526条规定，未经作为商标权人的美国居民、公民、或居所在美国的人的书面许可，禁止相关商标权产品输入美国。美国的法院一般主张对平行进口采用地域性原则，反对平行进口，以保护本国的贸易优势。当然，在特定情况下也会承认平行进口的合法性。

对商标权穷竭的限制在有关商标立法中已有体现。《BIRPI发展中国家示范法》即有“权利穷竭以所售出的商品没有任何变化为条件”的规定。《德国商标法》第24条第2款规定：在商标或商业标志的所有人有合法理由反对该商品进一步商业利用的情况下，不适用前述第1款的规定，特别是在商品投放市场后，该商品的状况发生了变化或损害。《欧共体商标条例》则强调商标权人有正当理由反对商品的进一步流通，特别是商品在投放市场后商品质量有变化或者损坏的，不适用权利穷竭的规定。该条例第13条规定，共同体商标权人无权禁止由其或者经其同意，已经投放共同体市场有该商标的商品上使用共同体商标。商标权人有合法理由反对商品继续销售的，尤其是商品在投放市场后，商品质量有变化或损坏的，上述第1款不适用。

第四节　本章小结

本章对各主要国家的著作权限制制度、专利权限制制度、商标权限制制度进行了比较。在著作权限制制度中，比较了各国的著作权合理使用制度、法定许可使用制度、强制许可使用制度和著作权权利穷竭制度；在专利权限制制度中，主要比较了专利强制许可制度、专利穷竭制度、先用权制度、专利权合理使用制度；在商标权限制制度中，主要比较了商标权合理使用制度、商标先用权制度、商标权穷竭制度等内容。通过比较，对各国具体的知识产权限制制度的法律规定有了清晰的轮廓，以期能对构建和完善我国知识产权限制制度起到启示作用。

第六章　从公共利益角度论我国知识产权限制制度的完善

第一节　我国知识产权限制制度的立法现状

知识产权限制制度是知识产权法律制度的重要组成部分，是知识产权法律制度中调整私人利益与公共利益之间关系的重要法律机制，各国知识产权法在对知识产权进行保护的同时无不规定知识产权限制制度。改革开放以来，中国知识产权立法在短短十几年内走完了发达国家上百年才完成的立法路程，建立了包括著作权法、专利法、商标法等在内的知识产权法律体系，知识产权制度已基本同国际接轨。但包括知识产权限制制度在内的知识产权法律制度迫切需要发展与完善。[1]

一、我国著作权限制制度

《著作权法》是我国知识产权法律制度中的基本法。我国《著作权法》于1990年9月7日经第七届全国人大常委会第五次会议通过，并于1991年6月1日起生效。该法由总则，著作权，著作权许可使用合同，出版、表演、录音录像、播

[1] 罗玉中、袁秀挺："WTO、知识产权及我国知识产权法律制度的发展与完善"，载《前线》2000年第11期。

放，法律责任和附则 6 章组成。该法的颁布对于保护著作权人的利益，促进我国科学、文化和艺术的发展，促进国家经济建设和对外文化交流，发挥了非常重要作用。到了 20 世纪 90 年代，鉴于新技术发展的需要，为了进一步完善我国的著作权保护制度，促进经济、科技和文化的发展繁荣，并为我国加入世界贸易组织作准备，第九届全国人大常委会第 24 次会议于 2001 年 10 月 27 日通过了《著作权法修正案》，对《著作权法》作了修订，并于同日公布施行。这次修订，对于著作权保护对象、保护内容、保护方式、外国人在中国的著作权保护等问题均作了全面修正和规定。

著作权的根本目的不在于奖励作者，而在于保障公众从作者的创作中受益。[1] 我国《著作权法》在赋予著作权人对其作品享有著作权的同时，在第二章著作权部分的第四节整节规定"权利的限制"，这是我国著作权法关于著作权限制制度的主要内容。广义的著作权限制制度还应包括时间限制和地域限制等内容，我国著作权法亦有相关规定。狭义的著作权限制则仅包括对著作权内容及行使的限制。从我国《著作权法》第二章第四节规定的内容看，我国的著作权限制制度主要包括合理使用制度和法定许可使用制度两种。虽然这两种制度都建立在通过均衡保护途径，促进科学、文化事业的发展的基础上，但两者适用条件和实现方式存在差异。

（一）著作权合理使用制度

合理使用是指在法律规定的条件下，不必征得著作权人的

---

[1] 吴汉东："合理使用制度的法律价值分析"，载《法律科学》1996 年第 3 期。

同意，也不必向其支付报酬，基于正当目的而使用他人著作权作品的合法行为。我国著作权法对合理使用制度的规定集中体现在《著作权法》第二章第二节第22条中。《著作权法》第22条第1款规定在12种情况下使用作品，可以不经著作权人许可，不向其支付报酬，但应当指明作者姓名、作品名称，并且不得侵犯著作权人依《著作权法》享有的其他权利。这12种情况包括：(1) 为个人学习、研究或者欣赏，使用他人已经发表的作品；(2) 为介绍、评论某一作品或者说明某一问题，在作品中适当引用他人已经发表的作品；(3) 为报道时事新闻，在报纸、期刊、广播电台、电视台等媒体中不可避免地再现或者引用已经发表的作品；(4) 报纸、期刊、广播电台、电视台等媒体刊登或者播放其他报纸、期刊、广播电台、电视台等媒体已经发表的关于政治、经济、宗教问题的时事性文章，但作者声明不许刊登、播放的除外；(5) 报纸、期刊、广播电台、电视台等媒体刊登或者播放在公众集会上发表的讲话，但作者声明不许刊登，播放的除外；(6) 为学校课堂教学或科学研究，翻译或者少量复制已经发表的作品，供教学或科研人员使用，但不得出版发行；(7) 国家机关为执行公务在合理范围内使用已经发表的作品；(8) 图书馆、档案馆、纪念馆、博物馆、美术馆等为陈列或者保存版本的需要，复制本馆收获的作品；(9) 免费表演已经发表的作品，该表演未向公众收取费用，也未向表演者支付报酬；(10) 对设置或者陈列在室外公共场所的艺术作品进行临摹、绘画、摄影、录像；(11) 将中国公民、法人或者其他组织已经发表的以汉语言文字创作的作品翻译成少数民族语言文字作品在国内出版发行；(12) 将已经发表的作品改成盲文出版。

根据我国著作权限制制度的相关规定，构成合理使用必须满足以下条件：(1) 合理使用的对象只能是已经发表的作品；(2) 合理使用的范围只能是著作权作品的财产性权利；(3) 合理使用必须严格限定在法律规定的范围内；(4) 合理使用无需事先征得著作权人许可；(5) 合理使用人无需向著作权人支付报酬；(6) 合理使用不得影响作品的正常使用，也不得不合理地损害著作权人的合法利益；(7) 合理使用人在使用著作权作品时，应该指明作者姓名、作品名称。

我国著作权法第22条规定的对著作权人作品的合理使用亦适用于对出版者、表演者、录音录像制作者、广播电台、电视台的权利的限制。

(二) 著作权法定许可使用制度

法定许可使用是指使用人在法律明确规定的情形下，不经著作权人同意，有偿使用他人已发表作品的行为。我国《著作权法》第23条第1款规定：为实施九年制义务教育和国家教育规划而编写出版教科书、除作者事先声明不许使用的外，可以不经著作权人许可，在教科书中汇编已经发表的作品片段或者短小的文字作品、音乐作品或者单幅美术作品、摄影作品，但应当按照规定支付报酬，指明作者姓名、作品名称，并且不得侵犯著作权人依照本法享有的其他权利。这是我国《著作权法》关于著作权法定许可使用制度的规定。

著作权法定许可使用制度与著作权合理使用制度有着共同的价值基础，它们之间有许多共同点，如：只能针对已经发表的作品；要有法律的明确规定；使用人使用时不必征得著作权人同意；使用人使用时应当指明作者姓名、作品名称，并不得侵犯著作权人依著作权法享有的其他权利等。但著作权法定许可使用制度作为一项相对独立的著作权限制制度，亦具有自身的特点：（1）法定许可使用必须向著作权人支付报酬，而合理使用则是无偿使用；（2）法定许可使用的主体是著作权作品的传播者，而合理使用则无此限制；（3）法定许可使用赋予了著作权人以声明方式排除法定许可使用的权利，而合理使用则无此规定。

著作权法第23条第1款的规定亦适用于对出版者、表演者、录音录像制作者、广播电台、电视台的权利的限制。

二、我国专利权限制制度

1984年3月12日，《专利法》经第六届全国人大常委会第四次会议审议通过，新中国第一部《专利法》诞生。该法包括总则，授予专利权的条件，专利的申请，专利申请的审查与批准，专利权的期限、终止和无效，专利实施的强制许可，专利权的保护及附则8个部分。随着我国科技水平的迅速提高以及国际交流的加强，迫切需要修订《专利法》中不适应经济发展的部分，也需要通过修订来保证我国能够履行已加入的国际公约所要求履行的义务。为此，1992年9月4日，第七届全国人大常委会第二十七次会议通过并颁布了《关于修改〈中华人民共和国专利法〉的决定》，修正后的《专利法》于1993年1月1日起施行。2000年前后，为适应科技、经济新形势的需要，为加入世界贸易组织，我国又对《专利法》进行了第二次修改。2000年8月25日第九届全国人大常委会第十七次会议通过了《专利法》的第二次修正案，修正后的《专利法》于2001年7月1日生效。目前，根据我国自身发展需要，《专利法》第三次修改已正式提到了议事日程上。

专利法是保护专利权的法律，专利权制度下的专利权人对其发明创造享有其独占权，未经专利权人许可，任何人不得实施其专利。然而专利权人对其专利技术的垄断有可能损害他人利益和社会公共利益，有着不利于科技和经济发展的一面，因而包括我国专利法在内的各国立法都无不明确地宣示其立法的公共利益动机。1474 年威尼斯城邦共和国颁布的世界上第一部专利法明确提出增进社会利益是授予专利权的理论依据。美国 1790 年的专利法授权国会为了促进科技和有用技术的进步而授予发明人垄断权利。我国专利法开篇明义：为了保护发明创造专利权，鼓励发明创造，有利于发明创造的推广应用，促进科学技术进步和创新，适应社会主义现代化建设的需要，特制定本法。专利权限制制度是协调专利权人垄断利益与社会公共利益冲突的制度设计。我国专利法所称专利包括发明专利、实用新型专利、外观设计专利 3 类，由于外观设计专利投入成本少、创造性要求低、申请和获得批准较为容易，因此此类型专利基本未纳入专利权限制制度考量范围。相比之下，由于发明专利和实用新型专利创造性要求高、研究投入成本大、有的专利（如药品专利）还对国计民生有重大意义，所以在设计专利权限制制度时主要是针对这两大类专利。我国专利权限制制度具体包括先用权、合理使用、强制许可、权利穷竭、临时过境使用、善意抗辩及保密专利等内容。

（一）强制许可制度

强制许可制度是指国家主管机构可以不经专利权人同意，

通过行政申请程序直接允许申请者实施专利的制度。强制许可并非出自专利权人的自愿授权，而是对专利权人专利权的一种限制。我国《专利法》第六章规定了“专利实施的强制许可”制度。《专利法》第48条规定：具备实施条件的单位以合理的条件请求发明或者实用新型专利权人许可实施其专利，而未能在合理长的时间内获得这种许可时，国务院专利行政部门根据该单位的申请，可以给予实施该发明专利或者实用新型专利的强制许可。该法第49条规定：在国家出现紧急状态或者非常情况时，或者为了公共利益的目的，国务院专利行政部门可以给予实施发明专利或者实用新型专利的强制许可。第50条规定：一项取得专利权的发明或者实用新型比前已经取得专利权的发明或者实用新型具有显著经济意义的重大技术进步，其实施又有赖于前一发明或者实用新型的实施的，国务院专利行政部门根据后一专利权人的申请，可以给予实施前一发明或者实用新型的强制许可。在依照前款规定给予实施许可的情形下，国务院专利行政部门根据前一专利权人的申请，也可以给予实施后一发明或者实用新型的强制许可。从以上规定可以看出，我国《专利法》规定的强制许可分为3类：（1）不实施专利的强制许可；（2）为公共利益目的的强制许可；（3）从属专利的强制许可。

强制许可是以颁发强制许可证的方式来限制专利权人独占权的行使。强制许可证是国家专利机关指定专利权人以外的人在不需要征得专利权人同意的情况下实施其专利的法律文件。在我国，颁发强制许可证应符合以下条件：（1）申请实施强制许可必须属《专利法》第48条、第49条、第50条规定的3种情形之一；（2）强制许可是非独占的，在专利管理机关颁发了强制许可证之后，专利权人自己仍有权将其专利许可给他人使用；（3）强制许可是不可转让的，除非连同使用该强制许可的企业和商誉一起转让。

（二）权利穷竭制度

所谓专利权的穷竭，是指专利权人自己或者许可他人制造的产品被合法地投放市场后，任何人对该产品进行销售或使用，不再需要得到专利权人许可或者授权，且不构成侵权。换言之，专利产品经专利权人授权被首次销售后，专利权人即丧失了对该专利产品进行再销售、使用的支配权和控制权。

我国《专利法》第63条第1款第（1）项规定：专利权人制造、进口或者经专利权人许可而制造、进口的专利产品或者依照专利方法直接获得的产品售出后，使用、许诺销售或者销售该产品的，不视为侵犯专利权。这就是我国《专利法》规定的专利权的穷竭制度。我国《专利法》对专利权穷竭制度的规定与其他国家的做法基本一致。在理解我国专利权穷竭制度时应当注意的是：（1）专利权的穷竭是相对于每一件合法投放市场的专利产品而言；（2）专利权穷竭只限于专利权人或经其许可而合法制造或进口的专利产品售出后，他人的使用、许诺销售或销售行为，不包括他人的制造行为；（3）专利权穷竭仅限于在我国境内的穷竭，进口专利产品仍应得到专利权人的同意。

（三）先用权制度

先用权作为一种专利实施许可制度有其特殊性。这种特殊性体现在先用权并非基于专利权而产生，而是基于法律的规定直接产生，是对专利权的一种限制。先用权的产生一般需具备以下条件：一是在别人提出专利申请时已实施或准备实施该发明；二是必须进行了实质性实施或已准备了充分的设备、资金准备实施；三是申请时不知道别人的专利申请的内容而独自研究开发出该发明，或者不知道别人的专利发明而从研究发明的人那里得知该发明。

我国现行《专利法》第63条第1款第（2）项规定：在专利申请日前已经制造相同产品、使用相同方法或者已经作好制造、使用的必要准备，并且仅在原有范围内继续制造、使用的，不视为侵犯专利权。这即是我国《专利法》规定的先用权制度。根据以上规定，在我国享有先用权的条件是：（1）实施行为人制造相同产品、使用相同方法的行为或者所作的制造、使用的必要准备，必须发生在专利申请日之前；（2）实施行为人在先制造的产品或者使用的方法，应当是行为人自己独立研究完成的、或者是通过合法的受让方式取得的，而不是在专利申请日前抄袭、窃取或者以其他不正当手段从专利权人那里获取的；（3）实施行为人在他人就相同的发明创造取得专利后，仍然在原有范围内制造或者使用。

（四）合理使用制度

我国《专利法》规定的合理使用制度包括临时过境使用、为科学研究或实验目的使用、善意抗辩等内容。

临时过境使用是指在暂时进入或通过一国领土的交通工具上，未经许可使用了该国专利，不构成对该国专利权的侵犯。我国《专利法》第63条第1款有关临时过境的规定比较具体，即临时通过中国领陆、领水、领空的外国运输工具，依据其所属国同中国签订的协议或者共同参加的国际条约，或者依照互惠原则，为运输工具自身需要而在其装置和设备中使用有关专利的，不视为侵犯专利权。适用临时过境这种例外行为时，必须符合以下条件：（1）受我国《专利法》保护的专利产品，是外国运输工具上一种必要装置或零部件；（2）《专利法》规定的这种限制只适用于同我国签订了协议，或者共同参加了国际条约，或者有互惠关系的国家的运输工具；（3）这种限制只适用于临时或短暂经过我国国境的运输工具，而不能适用于长期滞留我国境内或者销售给我国单位和个人使用的运输工具。

为科学研究或实验目的而使用专利不作为侵权行为来处理，目的是鼓励科学发明和研究的开展。我国《专利法》第63条第1款第（4）项规定，专为科学研究而使用有关专利的，不视为侵权。这与世界其他国家的规定内容一致。在这里，“使用”一词应解释为实施专利发明。

善意抗辩亦是对专利权进行限制的一种情形。我国《专利法》第63条第2款规定，为生产经营目的使用或者销售不知道是未经专利权人许可而制造并售出的专利产品或者依照专利方法直接获得的产品，能证明其产品合法来源的，不承担赔偿责任。这是我国《专利法》关于善意抗辩的规定。当然，对于善意抗辩是否属合理使用制度，学界看法不一。

此外，我国《专利法》规定的专利权限制制度还包括保密专利和国家计划许可等特殊的专利权限制制度。《专利法》第4条和第14条对此作了具体规定。《专利法》第4条规定，申请专利的发明创造涉及国家安全或者重大利益需要保密的，按照国家有关规定办理。《专利法》第14条第1款规定，国有企业事业单位的发明专利，对国家利益或公共利益具有重大意义的，国务院有关主管部门和省、自治区、直辖市人民政府报经国务院批准，可以决定在批准的范围内推广应用，允许指定的单位实施，由实施单位按照国家规定向专利权人支付使用费。该条第2款规定，中国集体所有制单位和个人的发明专利，对国家利益或者公共利益具有重大意义，需要推广应用的，参照前款规定办理。

三、我国商标权限制制度

《商标法》在1982年8月23日第五届全国人大常委会第二十四次会议通过，并于1983年3月1日实施。这不仅在我国商标法制建设上具有里程碑的意义，而且在我国整个知识产权制度建设上也具有重大意义，因为它是建国后我国颁布的第一部知识产权法律。该部法律包括总则，商标注册的申请，商标注册的审查和核准，注册商标的续展、转让和使用许可，注册商标争议的裁定，商标使用的管理，注册商标专用权的保护及附则8个部分。1993年2月22日第七届全国人大常委会第三十次会议通过了《关于修改〈中华人民共和国商标法〉的规定》，对1982年《商标法》进行了第一次修正，增加规定了保护服务商标和对不当注册商标撤销等内容。2001年10月27日，第九届全国人大常委会第二十四次会议审议通过了《商标法》的第二次修正案，修改的内容涉及商标权的主体、客体、地理标志、救济措施等部分，使修改后的《商标法》更加符合市场经济的发展和商标权保护国际化要求。

商标权限制制度是我国商标法律制度的重要组成部分。商标权限制是指因商标权人的权利与他人的权利或社会公众利益发生冲突，为平衡各方利益，法律对商标权人权利的内容和行使作出的限制性规定。商标权限制制度应包括商标合理使用、商标先用权、商标权用尽等内容。从立法上看，各国法律对商标权的限制远不如对著作权和专利权的限制那么严格和普遍。我国《商标法》未规定商标权限制制度。立法实践中，国务院工商行政管理部门1999年12月颁布的部委规章《关于商标执法中若干问题的意见》的第9条明确规定下列行为不属于商标侵权行为：（1）善意地使用自己的名称或者地址；（2）善意地说明商品或者服务的特征或者属性，尤其是说明商品或者服务的质量、用途、地理来源、种类、价值及提供日期。这即属商标合理使用制度的内容。我国2002年8月修订的《商标法实施条例》即增设了商标权限制方面的内容。根据该条例第49条之规定，注册商标中含有的本商品的通用名称、图形、型号，或者直接表示商品的质量、主要原料、功能、用途、重量、数量及其他特点，或者含有地名，注册商标专用权人无权禁止他人正当使用。该条规定是对上述国家工商行政管理总局制定的部委规章的肯定，对于我国商标权限制立法和建立我国商标权限制制度具有深远的意义。

第二节 我国知识产权限制制度体系的构成

知识产权限制制度体系是指知识产权各项权利限制制度构成的有机联系整体，如著作权限制制度、专利权限制制度、商标权限制制度等不同类别的知识产权限制制度构成的体系，亦可指知识产权内部各具体限制制度构成的有机联系整体，如合理使用制度、法定使用许可制度、强制使用许可制度、权利穷竭制度等具体知识产权限制制度构成的体系。这些内容笔者在前文中均有论及。法律制度主要由法律规则构成，与一般的法律制度均由构成性规则和控制性规则不同的是：知识产权限制制度主要由控制性规则所组成。在此，可以借鉴当代美国著名哲学家约翰·塞尔关于构成性规则和控制性规则的观点，加以说明问题。约翰·塞尔（John R. Searle）认为，任何规则要么属于控制性规则（regulative rules），要么属于构成性规则（constitutive rules）。所谓控制性规则，指规则所调整的是已存在或独立存在的行为。例如礼节规则所调整的是事先已经独立存在的人与人之间的关系。而构成性规则不仅仅调整其所规制的行为，而且是在创造或定义新的行为或活动。例如足球或国际象棋的规则，不仅起到调整和规制作用，而且创造了此类游戏的可能性。踢足球或下国际象棋这样的游戏可以说是由遵循有关游戏规则所建构的。控制性规则所调整的是逻辑上独立于该规则的行为或活动而构成性规则建构并同时调整在逻辑上依赖于该规则的行为或活动。[1] 按此分类，本书所谓知识产权限制制度，包括著作权限制制度、专利权限制制度、商标权限制制度等，当属于控制性规则。如果没有这些控制性规则的调整，社会公共利益就得不到有效维护，利益分配的天平会发生倾斜。尽管知识产权法部门的构成要素主要是知识产权法律制度及其相应法律规范，知识产权法律制度又主要包括知识产权保护制度和知识产权限制制度，但是一项法律制度有可能横跨多个法律部门。也就是说，知识产权限制制度作为一项法律制度可能由几个法律部门中具有相同或相近调控属性的法律规范所组成。

[1] John R. Searle, *Speech Act*, Cambridge University Press, 1969: 33～34.

从这个角度谈知识产权限制法律制度，我国知识产权限制制度体系即应由宪法、刑法、民法、经济法等部门法中的知识产权限制制度规定构成的一个有机联系的整体。

一、知识产权限制制度与宪法

宪法是根本大法，它规定国家政治制度、经济制度、文化制度、公民的基本权利和义务及国家机关的组织与活动原则等方面的内容，是一切法律制度和法律规范的立法依据。法治社会的任何法律法规都应该有宪法依据，知识产权制度（包括知识产权限制制度）作为一项法律制度也应当有宪法依据。从世界范围看，1995 年 11 月通过的《阿塞拜疆宪法》直接将知识产权规定为受宪法保护的普遍意义上的人权，将知识产权与生命、自由、财产、平等、思想与言论自由等权利均规定在“人的权利与自由”章节中，这使得知识产权作为人权有了宪法依据。在美国，知识产权保护亦有宪法上的“法源”，《美国宪法》第 1 条第 8 款第（8）项即所谓的“版权与专利条款”，它规定：“为促进科学和实用技艺的进步，对作家和发明家的著作和发明，在一定期限内给予专有权的保障。”它是美国国会制定版权法和专利法的依据。我国宪法虽有国家文化制度和公民文化权利和自由的规定，但没有明确知识产权的概念，没有将知识产权制度规定在国家文化制度范围内，更没有知识产权限制制度的规定，这使得知识产权限制制度的建立没有明确的宪法依据。随着人权入宪、私有财产权入宪，知识产权作为无形财产权入宪也已经迫在眉睫。如果能在宪法条款中对知识产权保护和限制制度加以抽象规定，其他部门法中的知识产权制度具体规定也就有了宪法依据，知识产权限制制度在建立和完善过程中才有可能和谐统一。

二、知识产权限制制度与刑法

刑法是规定犯罪、刑事责任和刑事处罚的法律规范的总和，刑法所调整的社会关系是因犯罪而产生的社会关系。它采用刑罚的方法来调整知识产权关系，规定侵犯知识产权的各种犯罪情形及应承担的相应的刑事责任。知识产权限制与知识产权保护是一个问题的两个方面，限制知识产权也存在一个“度”的问题。对知识产权限制的反限制亦是知识产权限制制度的组成部分，比如法定使用许可属知识产权限制内容之一，但法定使用许可必须在法律规定的条件下进行，这种法定条件即是为了对法定使用许可进行限制，否则知识产权人的权利和利益就容易遭到侵犯。从这个角度讲，我国刑法“以营利为目的未经著作权人许可，复制发行其文字作品、音乐、电影、电视、录像作品、计算机软件及其他作品的，违法所得数量较大或者有其他严重情节的，构成犯罪”的规定亦属广义的知识产权限制制度的内容。我国刑法规定的侵犯知识产权犯罪包括侵犯商标权犯罪、侵犯专利权犯罪、侵犯著作权犯罪、侵犯商业秘密犯罪等。依照我国刑法的规定，司法实践中对于侵犯知识产权的犯罪处理可能涉及 3 类罪名：一是以刑法分则第 3 章第 7 节规定的 7 种侵犯知识产权罪的相应罪名定罪处罚；二是以刑法分则第 3 章第 1 节规定的生产、销售伪劣商品罪中相应罪名定罪处罚；三是以刑法第 225 条规定的非法经营罪定罪处罚。由于刑法是以社会公共利益为本位的法律部门，在采用刑罚方法调整知识产权关系时，我国刑法规定更多的是从保护知识产权人利益与保护社会公众利益是一致的角度进行的，着重规定侵犯知识产权犯罪的内容。如果从与知识产权人相对应的社会公众利益角度考虑，我国刑法在调整知识产权关系时，有必要规定知识产权人因违反知识产权限制制度法律规定构成犯罪及承担刑事责任的情况。如专利权人违反《专利法》中保密专利规定构成犯罪的情况等。这些才应是典型的知识产权限制制度的内容。

三、知识产权限制制度与民法

民法是调整平等主体之间的财产关系和人身关系的法律部门。传统知识产权法是民法的重要组成部分。因为尽管知识产权与一般民事权利相比有其特殊的方面，但知识产权在本质上是民事权利，是一种人身权利和财产权利的结合；知识产权法的调整对象是因创造、使用智力成果而产生的财产关系与人身关系，其调整手段和适用原则主要是民法的手段和原则。我国《民法通则》在第五章民事权利中第三节用一节的内容专门规定了“知识产权”，现行《合同法》也对“知识产权的转让和利用”设有专门规定，这说明我国现行立法是将知识产权法作为民法的一部分对待的。

知识产权法主要是民法的重要组成部分，但这并不意味着所有知识产权的立法规定都属于民法部门法的内容，并不意味着应把知识产权法放入民法典中，使之成为民法典的有机组成部分。知识产权制度本身是一个包括著作权、专利权、商标权在内，包括知识产权保护制度和知识产权限制制度在内的内容非常庞杂的规范体系。知识产权法中既有实体性规范，又有程序性规范；既有构成性规范，又有控制性规范。知识产权不仅仅是基于主体的行为而取得，绝大部分知识产权还需要经过依法登记或审批方能取得。在我国，专利权、商标权、商号都需要经过依法登记或审批方能取得。这种情况如果仅在民法典中单纯规定权利是不够的，还必须规定权利的取得方式等，而后者实际上属行政管理性质的规范；知识产权的保护不仅有民事责任，还涉及行政责任与刑事责任而且行政责任、刑事责任有强化的趋势。而行政管理规范、行政责任和刑事责任规范显然不宜在民法典中规定。同时我国参加或缔结的知识产权国际条约亦是知识产权法的重要法律渊源。由此可见，知识产权法本身是一个综合的法律规范体系，既涉及实体法也涉及程序法，既涉及公法也涉及私法，既涉及国内法也涉及国际法，将这样一个法律放在民法典中是不合适的。并且，由于新技术革命的兴起和发展，知识产权法总处于不断修订更迭状态，这与作为基本大法的民法典的稳定性并不协调。如我国于 1984 年颁布了《专利法》，但由于我国近年经济和科技发展迅速，该法经 1992 年修订，后于 2000 年再次修订，并且第三次修订工作也已经启动。因此，如果知识产权法以独立于民法典之外单行民事特别法的地位存在，对其修改就便利得多，既能维护民法典的稳定性，又能适应不断变化的经济与科技的发展。

我国目前的知识产权限制制度主要体现在作为知识产权单行法的《著作权法》、《专利法》之中，我国《商标法》中目前还未规定知识产权限制制度。《著作权法》规定的著作权合理使用、法定许可制度，《专利法》中规定的专利权穷竭、先用权、临时过境、合理使用制度等是我国知识产权限制制度的主体内容。知识产权限制制度是知识产权制度的重要组成部分，而目前我国商标权限制制度立法还是空白，因此知识产权法律制度建设要求制定统一的知识产权法典，系统规定知识产权保护和知识产权限制两大知识产权法律制度，具体规定著作权限制制度、专利权限制制度、商标权限制制度，使知识产权限制制度的主体内容在知识产权法典中得到完善。

四、知识产权限制制度与经济法

经济法是指调整国家从社会整体利益出发对经济活动实行干预、管理或调控所产生的社会经济关系的法律规范的总和。前面已经提到，知识产权限制制度主要由控制性规则所组成，知识产权立法规定包括知识产权保护立法和知识产权限制立法两方面的内容。在笔者看来，知识产权保护立法属于民法部门法的内容，而知识产权限制立法则应属于经济法部门的内容。此外，与知识产权限制制度密切相关的主要还有以禁止非法限制竞争与不正当竞争、维护自由公平竞争秩序和经济活力作为自己基本使命的竞争法。竞争法是调整竞争关系的法律规范的总和，主要包括反垄断法和反不正当竞争法。反垄断法从规范限制竞争的状态和行为出发去调整竞争关系，从而维护经济的自由、民主和公正的竞争秩序；反不正当竞争法则从规范形形色色的不正当竞争行为入手来调整竞争关系，并缔造自由、公正的竞争秩序。

知识产权是一种法定的垄断权，是垄断法的适用例外而不受反垄断法的拘束。但是，如果知识产权人行使权利的行为超出了法律允许的范围的话，就不再享受反垄断法的豁免。

由于知识产权的客体是一种信息，而专利权等知识产权有可能借助信息可以无处不在的功能使权利人获得不合理的市场支配力。信息的作用就在于指导人们怎样去行为，而知识产权的作用又在于赋予权利人享有对客体的独占权，任何人未经权利人的允许，不得使用该信息。这使得知识产权除了具有一般物权所具有的独占性特征外，还表现为非常强烈的行为控制性特征，知识产权极有可能被权利人滥用来从事限制竞争行为，从而对市场竞争构成实质性限制。防止知识产权滥用，除主要通过知识产权法具体的合理使用制度、法定使用许可制度、强制使用许可制度，权利穷竭制度等来对知识产权进行限制外，还需要通过反垄断法对行使知识产权过程中的限制竞争行为进行规制。从这个意义上讲，反垄断法中为防止知识产权滥用，对知识产权行为进行规制的内容亦属知识产权限制制度的内容。TRIPs 协议在第 1 部分规定了协议的目标是："知识产权的保护和执法应当有助于技术创新以及技术转让和传播，有助于技术知识的创作者和使用者互利，并在一定程度上有助于社会和经济福利，以及有助于权利义务平衡。"第 8 条第 2 款规定："只要与本协定的规定相一致，为了防止权利人滥用知识产权，采用不合理的限制贸易或者对国际技术转让造成不利影响的行为，在必要时可以采取适当的措施。"同时，TRIPs 协议也规定了对专利的强制许可问题以及对合同许可中反竞争行为的控制问题。2007 年 8 月 30 日通过的《中华人民共和国反垄断法》（以下简称《反垄断法》）第 55 条规定："经营者依照有关知识产权的法律、行政法规规定行使知识产权的行为，不适用本法；但是，经营者滥用知识产权，排除、限制竞争的行为，适用本法。"我国

《反垄断法》对经营者达成垄断协议、经营者滥用市场支配地位、具有或者可能具有排除限制竞争效果的经营者集中等垄断行为进行了详细规定。在我国《反垄断法》中涉及知识产权领域部分的主要目的是为了防止知识产权人本人行使权利而损害市场竞争秩序的行为，是对知识产权人本人滥用权利对市场竞争秩序造成损害的垄断行为进行规制；《反不正当竞争法》中涉及知识产权领域部分的主要目的是为了防止其他人侵犯知识产权人的权利，是对他人侵犯知识产权人权利的不正当竞争行为进行规制。但两者统一在维护公共利益、维护公平良好的市场竞争秩序这一目的之上。

如果从规范性法律文件的角度，我国知识产权限制制度体系则是由宪法中的知识产权限制法律规定、知识产权限制的法律、知识产权限制的行政法规、知识产权限制的地方性法规、知识产权限制的国际条约等构成的一个有机联系的整体。

第三节　完善我国知识产权限制制度应注意的几个问题

一、主体知识产权限制制度的立法模式问题

如前所述，我国知识产权限制制度由宪法中的知识产权限制制度、刑法中的知识产权限制制度、民法中的知识产权限制制度、经济法中的知识产权限制制度等构成，其中知识产权法律法规中规定的知识产权限制制度是我国的主体知识产权限制制度。各国主体知识产权限制制度的立法模式概括

起来主要有列举式、一般条款式、一般条款与列举并用式三种。列举式模式在立法中不对知识产权限制的概念、构成要件或判断标准等一般条款进行规定，而是仅仅列举构成知识产权限制的具体情形。《法国知识产权法典》第 L122－5 条即是仅对各种法律认可的著作权合理使用进行列举。一般条款式模式在立法中对知识产权限制制度的概念、构成要件或者判断标准等一般条款加以规定，并不列举构成知识产权限制的具体情形。《美国版权法》第 107 条即属于关于合理使用的一般条款。一般条款与列举并用模式在立法中既对知识产权限制的一般条款加以规定，同时又列举构成知识产权限制的具体情形。主要的著作权国际公约即是采用这种模式。

一般而言，从列举式立法模式到一般条款式模式是法律不断发展和成熟的标志。列举式立法模式是针对法律的调整对象，具体规定各种特定法律事实的法律后果；一般条款立法模式是法律对社会实践进行一定程度抽象的基础上找出某类现象的一般特性，并从这些特性出发制订出具有针对性的法律规则。知识产权法学是一门年轻的法律学科，知识产权限制制度是一种全新的法律制度，其中必然充斥着大量列举式的法律规则。

我国主体知识产权限制制度的立法采用的即是列举式立法模式。我国《著作权法》第 22 条规定了可以构成合理使用的 12 种情形，我国《专利法》第 63 条规定的不视为侵犯专利权的 4 种情形，可以说是列举式立法模式的典型体现。知识产权限制制度的列举式立法模式虽然可操作性较强，而且可以限制法官的自由裁量权，但这种立法模式可能导致知识产权限制制度丧失现实针对性，不适应社会实践日新月异的发展的需要。以著作权合理使用制度为例，由于新科技的发展，传统著作权合理使用制度受到冲击：在以纸张为载体的传统传播技术条件下，用纸质载体进行传播一般不容易阻碍使用人的合理使用；但在以网络为基础的现代传播技术条件下，著作权人可以轻而易举地通过一定的技术措施来阻止使用人的合理使用，虽然著作权人可能在主观上并没有这个目的，但在客观上完全可能达到这种效果。如果说在传统传播技术条件下采用列举式立法模式尚可能发挥知识产权限制制度的功能，那么在现代传播技术条件下，如果仍然坚持列举式立法模式，知识产权限制制度无法发挥其应有的功能是完全可能的。

实践证明，知识产权限制制度立法的一般条款模式优于列举式立法模式。由于我国著作权限制立法采用的是列举式立法模式，导致2006年胡戈的视频作品《一个馒头引发的血案》涉嫌侵犯陈凯歌所导演的电影《无极》的著作权纠纷案，引起包括法学学者在内社会各界的广泛争论。因为依照我国《著作权法》的现行规定，尚不足以找到法律依据。这恰恰暴露了我国著作权合理使用制度的列举式立法模式的缺陷：一旦实践中出现《著作权法》第22条未曾列举的12类情形，我国现行著作权合理使用制度即无法应对。再如，数字过滤技术能使消费者在观看电影的时候过滤掉暴力、色情等镜头，如果著作权人之外的第三人未经著作权人的同意，过滤掉著作权作品的一些镜头，并将过滤后的影片提供给消费者的行为是否构成合理使用?[1] 这样的问题在我国现行《著作权法》中同样找不到答案。用列举式办法增加相关规定固然可以为解决此类型案件提供法律依据，但如果将来一旦又出现符合知识产权限制制度的精神而相关知识产权限制立法没有加以规定的新情况，那么势必又会出现新的法律适用的困难，又会涉及相关知识产权法律的修订。频繁修订知识产权法律并不是一件容易的事，频繁修订法律也会损害法律的权威性。这说明知识产权限制制度立法的列举式立法模式已难以适应不断变化的社会实践。

知识产权限制制度的列举式立法模式在知识产权法产生和发展的早期能在一定程度上满足社会发展的需要，包括中国在内的许多国家亦采用列举式立法模式。采用列举式立法模式，往往亦是基于对知识产权人权利充分保护的目的而将知识产权限制范围列举在法律规定的情形中。然而新科技的迅猛发展、社会实践的复杂多变，不仅显现出越来越多的新的情况，而且一次又一次地打破原有知识产权权利人与社会公众之间的利益平衡。为了保障社会公共利益的实现，适应不断变化的社会实践，促进整个社会向良性方向发展，中国知识产权限制制度的立法模式可以借鉴《伯尔尼公约》、TRIPs 协议等国际公约，采用一般条款与列举并用的立法模式。

由于我国主体知识产权限制制度传统立法模式为列举式立法模式，因此采用一般条款与列举式并用的新的立法模式

---

[1] Alison R. Watkins. Intellectual Property：Copyright：Note：Surgical Safe Harbors：The Family Movie Ace and the Future of Fair Use Legislation Berkeley Technology. *Law Journal*，2006.

的重心在于在知识产权限制制度中设立一般条款（如著作权合理使用的三步检验法[1]）规定，明确规定各类具体的知识产权限制制度适用的条件及相关考量因素，并确立知识产权人故意阻止知识产权限制制度实施应当承担的责任等，以增加知识产权法的社会回应能力。当然，由于一般条款规定的是较为抽象的判断标准和适用条件等，案件的具体审理是由法官进行，仅有一般条款规定会导致司法机关适用困难或滥用权力的不良后果。因而在规定一般条款同时，还应当列举知识产权限制的典型情形，以增强知识产权限制制度的可操作性。

二、知识产权限制制度的本国特色问题

随着各国之间的经济、技术与文化交流与合作的日益加强，知识产权在19世纪末即进入了国际保护阶段。迄今为止，知识产权的国际保护已经发展为相当完善的制度，绝大多数国家的知识产权制度均已融入国际知识产权制度这个大家庭中，我国也不例外。改革开放以来，中国知识产权立法在短短的十几年内走完了发达国家上百年才完成的旅程，实践中亦不断加大对知识产权犯罪的打击力度。由于国际知识产权制度的一个重要特点是符合知识产权国际公约的最低保护标准，这就使得各国知识产权制度在很多方面有日益接近的趋势。但由于国际公约的这些最低标准一般是以发达国家

[1] 根据有关的国际公约，合理使用应当符合三个法定条件：即有关的使用是就具体的特殊情况而言；该特殊情况下的使用没有影响著作权人对于作品的正常使用；也没有不合理地损害著作权人的合法权益。这一般被称为合理使用的“三步检验法”。

的保护标准为基础的，这就使得发展中国家在加入知识产权国际公约时，不得不接受发达国家的保护标准。发展中国家因为经济、技术发展水平与发达国家相比有很大的差距，包括我国在内的发展中国家原创性专利和核心技术缺乏以及自主创新能力薄弱，[1]其拥有知识产权的总量比发达国家要少得多。在这种前提下，发展中国家与发达国家对知识产权给予同一保护水平，实质上是在世界范围内使发达国家与发展中国家之间的利益更加失衡而有失公平，对发展中国家极为不利。因此，在国际社会亦存在少数发达国家的知识产权利益与多数发展中国家或整个国际社会公共利益相冲突的情形。这种情况除保护知识产权国际公约有义务协调外，各国自己的知识产权法特别是知识产权限制制度一定要考虑保护外国知识产品水平的适当性问题。

任何一个国家的知识产权法律制度均强调首先服务于本国的政治、经济、文化目标。本国的知识产权法在对外国知识产品保护方面最终的考虑仍应是有利于本国的经济、技术、文化目标的实现，美国等发达国家亦不例外。美国第一届国会通过的《著作权法》就通过规定限制国内公民和居民的印制、重印、销售文学作品以积极探求印刷业的发展，外国人根据该法不能获得著作权。依据这一法律，美国的出版商能够廉价地出版和销售外国的文学作品，但损害了这些外国文学作品作者的权益。只是到了1989年美国为加入《伯尔尼公约》才将印刷工业中的歧视性规定全部取消。美国著作权法

[1] 魏纪林等："提高我国企业核心竞争力的专利战略初探"，载《法学杂志》2005年第4期。

的历史说明，基本上是技术和产品的纯进口国会将知识产权的弱保护作为支持幼稚工业的一种形式。它也说明知识产权的弱保护也可以作为一个实现非经济目标的手段，如国内文化工业的增长与维护。[1] 从弱保护中丧失利益的外国人，他们在政策结构中往往没有被看重。

知识产权限制制度是知识产权法律制度的重要组成部分，它与知识产权保护制度是一个问题的两个方面。知识产权法中的权利限制往往体现一国的经济发展水平所决定的知识产权保护政策，而我国在实践中恰恰没有从本国国情出发，因而也没有建立具有本国特点的知识产权限制制度。以著作权为例，就我国而言，自 1991 年《著作权法》实施后，先后加入了主要的著作权国际公约。由于 1991 年的《著作权法》在一些条款上仍然与主要的著作权国际公约相冲突，为了解决这一矛盾，国务院颁布了《实施国际著作权条约的规定》，基本上解决了外国人根据中国《著作权法》达不到国际保护水平的问题，但这使得中国著作权法对外国作品的保护反而高于对中国作品的保护。[2] 中国加入世界贸易组织以后，在 2001 年全面修改《著作权法》，这次修改，消除了外国人、港台作者的超国民待遇问题，扩大了受中国著作权法保护的外国作品的保护范围，具体包括《伯尔尼公约》（1971 年文本）和世界贸易组织成员的国民与居民已出版和未出版且没

---

[1] Keith E. Maskus. Intellectual Property Rights in the Global Economy, Institute for International Economic. Washington, D. C. , 2000 (8) .

[2] 我国 1990 年《著作权法》规定，使用已经发表的中国作品进行表演、制作录音和广播电视节目，无须著作权人的许可，只须付酬即可。而国务院《实施国际著作权条约的规定》第 16 条规定：表演、录音或者广播外国作品，适用《伯尔尼公约》的规定，有集体管理组织的，应当事先取得该组织的授权。

有超过著作权保护期的全部作品，以及尽管不是前述的成员和国民，但首次在这些成员的领土范围内完成出版的作品。❶

不同国家之间在具体知识产权制度上存在差异，这与各国的知识产权政策与战略以及相关的经济和社会发展政策密切相关。以日本为例，日本是一个十分注重利用专利制度促进本国经济、技术发展的国家，近年来每年的专利申请在世界上排在第一位。日本的专利制度和美国、欧盟不同，它非常注重技术流向，强调的是从国外获得技术、国内技术的扩散以及增加革新以促进工业的发展。美国对日本的专利制度不满，认为它鼓励过于狭窄的专利权利要求，而不鼓励外国公司获得专利。美国和欧盟对软件专利都强调工业实用性，但在接受程序方面有不同的考虑规则。在地理标记的保护范围方面，美国比欧盟倾向于更低的保护标准。发达国家与发达国家之间在知识方面存在摩擦，发达国家与发展中国家之间在知识产权方面亦存在冲突，而且这种冲突会长时间存在。由于发达国家与发展中国家在经济和技术水平上存在巨大差异，发达国家的公司从发明等知识产品获得经济利益主要来源于不同市场中的国际贸易。而“知识产权制度成为贸易和经济相关的一个重要因素”。❷随着知识经济的凸显，发达国家的公司特别是跨国公司越来越希望利用自己的技术优势开拓和占领市场。在他们看来，通过在不同的国家实施强有力

❶ Xiaoqing Feng & Yanliang Wei. Internationalization of the Copyright System and the Amendment of the Copyright of the People's Republic of China. 4 *Journal of the World Intellectual Property*, 2002：689.

❷ Frankank & Romer. Does Trade Course Growth? Some Economics of Trade Secret Law. 5 *Journal of Economic Perspective*, 1999：61 ~67.

的知识产权保护是实现这一目的的重要途径，在全球范围内给予更强的知识产权保护能够增加动态的效率，通过这种手段，资源可以进行国际分配，可以减少仿制的消极影响。发达国家希望通过知识产权的强保护达到全球协调，对知识产权的弱保护及差别保护对贸易扭曲的影响非常重视，这些国家连同代表其利益的跨国公司在知识产权国际法制领域积极推行知识产权保护的高标准，淡化知识产权的本国特色，甚至要求发展中国家放弃从本国国情出发自主地选择适合自己的知识产权制度。而对发展中国家而言，最理想的当然是能够充分地利用发达国家已有的知识和技术储备。他们希望更多地考虑本国的现实状况，不希望知识产权的强保护，认为强化知识产权的全球一体保护会造成贸易和技术价格的垄断，导致更加广泛的滥用竞争力，使发达国家的知识产权成为国际知识霸权。

当然，发展中国家的知识产权弱保护政策对于知识的扩散、外国直接投资这些构成市场准入国家最需要的环境会带来不利影响。在实行知识产权弱保护的国家，典型地依赖于强保护的利益是很少见的，而且可能会导致有创造力的个人的智力创造活动无法激发，窒息具有创造力的个人为自己的国家作出更多贡献。发展中国家的人才普遍外流即与国家知识产权弱保护直接相关。在知识产权弱保护环境下，不仅本国对技术的私人投资会大大减缓，使发明创造不能很好地发挥其在商业上的效用，而且亦会大大阻碍吸收外来投资。在知识产权弱保护的国家，合资经营的企业很少并不偶然，因为外商投资要考虑的一个重要因素即知识产权保护是否充分。世界银行统计表明，基于国家和技术领域的不同，美国、德国和日本至少25%的高科技公司拒绝在知识产权弱保护的国家实施投资或建立合资企业。[1] 它们的投资流向更多的是向知识产权保护风险比较小的国家和地区。此外，发展中国家的知识产权弱保护政策亦常常受到美国等发达国家的抱怨和指责。

近年来发展中国家的知识产权保护问题已经逐步得到改善，知识产权保护水平确实存在不断提高的趋势。发展中国家为了满足TRIPs协议的知识产权保护高水平的要求，纷纷对本国知识产权立法进行了修改。在20世纪90年代早期，有29个国家修改了专利法，2个国家修改了商业秘密法，12个国家修改了商标法，33个国家修改了著作权法。[2] 当然，为了均衡发达国家与发展中国家的利益，TRIPs协议允许对发展中国家给予一些弹性，尽管这种优惠很有限。对发展中国家而言，加入TRIPs协议、修改本国知识产权立法，可能是为更多地吸收外国的直接投资，亦可能是由于美国等发达国家的压力。因此，尽管发展中国家和发达国家平等地签署和参加了知识产权国际公约，但由于发达国家与发展中国家科技与经济发展的不均衡，因而这种表面的形式平等的背后隐藏着实质上的不平等。就包括中国在内的发展中国家来说，在实施TRIPs协议时应充分利用协议允许给发展中国家的一些弹性，像对专利的定义与限制等，在协议允许的范围内，

---

[1] Mansfield, Edvic. The Protection of Intellectual Property, Direct Investment, Transfer of Technology: the Practice of Germany, Japan and the United States of American, 1995: 27.

[2] 冯晓青：《知识产权法哲学》，中国人民公安大学出版社2003年版，第235页。

实施本国知识产权立法战略，构建具有本国特色的知识产权限制制度。

三、知识产权限制制度中公共利益概念的使用问题

公共利益是我国知识产权限制制度中的一个非常重要的概念，在我国知识产权法尤其是著作权法和专利法中多次出现。按照公共利益作为法要素的组成部分的不同，知识产权法中的公共利益可分为原则性公共利益和规则性公共利益两类。

原则性公共利益是指知识产权法把公共利益作为知识产权限制制度的原则来规定的，公共利益是作为法律原则来统领整个知识产权限制制度，指导知识产权限制法律规则。这类公共利益都分布在知识产权法的总则部分。我国《著作权法》第 4 条、《专利法》第 5 条即规定了原则性公共利益。《著作权法》第 4 条规定："著作权人行使著作权，不得违反宪法和法律，不得损害公共利益。"在这里，公共利益与宪法和法律并列同时作为限制著作权人行使权利的原理和准则。也就是说若著作权人行使著作权损害了公共利益就会产生与违反宪法和法律相同的后果。《专利法》第 5 条规定："对违反国家法律、社会公德或者妨害公共利益的发明创造，不授予专利权。"根据该条规定，即使某人的发明创造具有新颖性、创造性和实用性，如果妨害了公共利益，也不能获得专利权。原则性公共利益不是具体的法律规则，也不是具体法律规则的组成部分，它内含的政策性较强，内容比较抽象。

规则性公共利益是指知识产权法把公共利益作为法律规则的组成部分来规定的。知识产权法中绝大多数公共利益规

定属规则性公共利益规定。它一般分布在总则以外的其他内容中，如《著作权法》第47条、《专利法》第14条和第49条等。《著作权法》第47条规定："有下列侵权行为的，应当根据情况，承担停止侵害、消除影响、赔礼道歉、赔偿损失等民事责任；同时损害公共利益的，可以由著作权行政管理部门责令停止侵权行为，没收违法所得，没收、销毁侵权复制品，并可处以罚款；情节严重的，著作权行政管理部门还可以没收主要用于制作侵权复制品的材料、工具、设备等；构成犯罪的，依法追究刑事责任。"《专利法》第14条规定："国有企业事业单位的发明专利，对国家利益或者公共利益具有重大意义的，国务院有关主管部门和省、自治区、直辖市人民政府报经国务院批准，可以决定在批准的范围内推广应用，允许指定的单位实施，由实施单位按照国家规定向专利权人支付使用费。中国集体所有制单位和个人的发明专利，对国家利益或者公共利益具有重大意义，需要推广应用的，参照前款办理。"在这里，公共利益构成国家计划许可使用的重要条件。《专利法》第49条规定："在国家出现紧急状态或非常情况时，或者为了公共利益的目的，国务院专利行政管理部门可以给予实施发明专利或者实用新型专利的强制许可。"根据该条规定，公共利益是构成专利实施强制许可的条件之一。规则性公共利益属于法律规则的重要构成部分，它在知识产权法中发挥着法律的规范功能。

知识产权法属民法的特别法，知识产权法中使用公共利益概念时应与民法中使用公共利益概念保持一致，同属知识产权法的著作权法、专利法、商标法中使用公共利益概念时也应该保持一致。然而，我国《民法通则》《著作权法》《专利法》甚至包括《著作权实施条例》中使用公共利益概念时就存在严重不一致的情况。我国《民法通则》第7条和第58条均使用的是“社会公共利益”措辞；如前所述我国《著作权法》第4条、第47条和我国《专利法》第14条、第49条均使用“公共利益”概念；《著作权法实施细则》第36条、第37条又均使用“社会公共利益”概念；《计算机软件保护条例》第24条又使用的是“公共利益”字样。可以看出，我国知识产权立法中存在严重概念使用不一致的情况。

我国知识产权立法除存在公共利益概念使用不统一的情况外，还存在公共利益概念使用中内涵不一致的情况。依我国《著作权法》第4条规定，著作权人行使著作权，不得违反宪法和法律，不得损害公共利益。这里，《著作权法》将“公共利益”与“宪法和法律”并列，认同“社会公德”包含在“公共利益”概念之中。而依我国《专利法》第5条之规定，违反国家法律、社会公德或者妨害公共利益的发明创造，不授予专利权。这里，立法者又将“公共利益”与“国家法律”、“社会公德”并列，显示出立法者的“公共利益”不包含“社会公德”的立场。这说明，我国知识产权立法对“公共利益”概念内容的理解亦存在差异。如果将公共利益概念理解为包含社会公德，那么公共利益的内容就包括政治、经济和道德诸方面；而如果将社会公德从公共利益的内涵中排除掉，那么公共利益概念将仅包含政治和经济方面的内容。前文已提及公共利益概念的内涵是不确定的和开放的，应根据社会发展需要和案件具体情况由执法者和司法者去解读，但立法者人为制造公共利益内涵的冲突，有损立法本身的权威和严谨。

消除知识产权立法中公共利益概念使用上的非一致性缺陷，有必要在相关知识产权限制制度的立法中统一使用“公共利益”概念，并且删除掉“社会公德”与“公共利益”并列的相关规定，认同“公共利益”包括“社会公德”等内容。同时鉴于“公共利益”概念在知识产权法特别是知识产权限制制度中的重要地位，有必要在相关知识产权限制制度的立法中规定公共利益原则条款，用以指导知识产权限制制度相关规则的立法，对知识产权限制法律规则提供基础性本源和出发点。

四、对知识产权限制制度中公共利益的限制问题

私法中引入公共利益，这是现代社会民主法治国家的普遍做法。它不仅符合法治原则，而且是现代法治原则的必然要求。只有引入公共利益，才有可能解决现代社会个人权利与社会公共利益的矛盾和冲突，才能防止个人权利不适当的滥用而损害他人利益或社会公共利益。但是私法中引入公共利益亦存在很大风险，它可能导致公权力不适当膨胀和滥用，严重损害公民个人的自由和权利。要防止和避免这种风险，必须对私法中的公共利益进行必要的限制。

知识产权法是私法。由于知识产权的法定性和公益性决定了公共利益在知识产权法特别是知识产权限制制度中具有更加重要的地位。如前文所述，在知识产权领域，当知识产权人的个人利益与公共利益发生冲突时，应当优先维护公共利益，即公共利益优位原则。这一原则在知识产权限制制度中有极大的合理性。这里要说明的是用公共利益优位原则作为处理知识产权领域个人权利与公共利益关系的准则也并非

绝对。因为公共利益与私人利益在大多数场合是一致的，在这样的场合，怠慢了个人利益也就怠慢了公共利益，否定了个人利益也就否定了公共利益，不存在何者优先的问题；而在某些场合，即使个人利益与公共利益发生冲突，但公共利益价值相对较小而私人利益价值相对较大时，公共利益优先原则亦不应适用。

相对于其他私法，知识产权法立法中出现公共利益概念的频率比较高。即使没有出现公共利益字样，如著作权法中的著作权限制、专利法中的专利权限制、商标法中的商标权限制的法律规定无一不体现公共利益的要求，由于这样的规定是以法律规则的形式出现，内容具体明确，不易产生滥用公共利益的问题。倒是由于我国知识产权立法中没有对公共利益概念边界作任何界定，立法中常常将公共利益与国家安全、国家利益、集体利益、社会公德等本属公共利益范畴以内的概念并列使用，使得公共利益的含义变得更加扑朔迷离。

尽管从产生公共利益的理论基础上看，公共利益是一种正当利益。但是作为具体的利益，它要演化成权利，需要特定的主体来代表和维护，而在这个过程中，公共利益也容易被滥用。笔者之所以对这个问题进行探讨，源于对收取卡拉OK版权使用费这一事件的关注。国家版权局发布《卡拉OK经营行业版权使用费标准》后，2006年11月20日，广州文化娱乐业协会公开声明：该协会会员不接受国家版权局公布的收取标准。针对这一现象，有学者认为《卡拉OK经营行业版权使用费标准》既不合理，也不合法。不合理在于这个收费标准太高，如前所述，不合法的原因更多：一是关门立法，由国家版权局下属的中国音像集体管理协会（筹）单方说了算。二是收费主体不合法。中国音像集体管理协会目前正处在筹备阶段，尚未获得国家民政部的批准，没有正式成立。三是著作权属于私权，中国音像集体管理协会（筹）并未得到相关著作权人的授权，他们显然不具备以公权力形式介入收费的权利。❶ 国家旨在维护著作权人的利益，但收到的效果并不好。KTV 收取版权费的最终受益者，也就是歌手、词曲作者、MV 拍摄者以及唱片公司对此事却相当不关心。最终的受益者不关心此事主要原因是他们对这一行为最终能给自己带来多大收益不抱太大的信心，对主管部门的收取方式、透明度、目的、动机都有所质疑。两大版权费收取部门中国音乐著作权协会和中国音像集体管理协会（筹），会如何向著作权人支付，两大组织自身是否在这一行为中赢利，从而伤害著作权人的权益都令著作人没有信心。KTV 版权收费最大的问题是不知道钱如何分配。所以 KTV 收取版权使用费虽然是件好事，但给人的感觉却是这其中有许多问题都还没有确定的解决方案。❷ 同时国家版权局出台这个标准的过程也有令学者质疑的地方。有学者认为即使在一些领域有公开听证、公开听取意见和建议之表面文章，至于这些民主的意见“集中”以后是否连看也没看就被扔进了废纸篓，外人不得而知，因为没有相应的法律程序约束立法者必须采取合理化意见。❸ 可见国家试图以保护公共利益之名用公权力干涉对

❶ 童大焕：“KTV 版权费博弈中的法治期待”，载《法律与生活》2007 年第 1 期。

❷ 戴方：“KTV 收版权费是好事但不知好在哪?”，详见 http：//ent. sina. com. cn/y/2006 - 08 - 22/14481211346. html.，访问时间为 2007 年 4 月 15 日。

❸ 童大焕：“KTV 版权费博弈中的法治期待”，载《法律与生活》2007 年第 1 期。

著作权人权利的维护，尽管动机是好的，但由于相关程序的不完善，反而使公共利益有被滥用之嫌，有可能使公共利益异化成为简单多数人的利益而侵害少数人利益。目前对于著作权管理集体组织的职能方面也存在一些容易导致滥用公共利益的地方。中国音乐著作权协会和中国音像集体管理协会（筹）是中介性质的组织。两个协会侧重点不一样，一个侧重著作权，一个侧重音像权。至于谁来收费是要看版权所有人委托谁来收费。不过目前我国的类似组织，政府介入的性质比较明显。根据中国音像集体管理协会（筹）的说法，卡拉 OK 收费将由该协会负责收取，协会归国家版权局监管。但到目前为止，该协会仍是个筹备组。从法律上讲，这个筹备组并不具有收费资格。根据我国《著作权集体管理条例》的规定，允许若干集体管理组织供交费时选择，既然收费是市场行为，就应有多项而不是单一的选择。❶ 这些现象暴露出在如何确定公共利益维护者，如何更好地为知识产权人利益服务等问题上，我国当前仍有许多亟待解决的难题。

公共利益是知识产权限制制度中的重要概念和原则，公共利益本身应该合法。由于国家公权力机关容易滥用公共利益之名损害私人基本权利，因此有必要对公共利益进行限制以保证公共利益的合法性。

对公共利益的限制，首先应界定公共利益的标准和范围，明确什么是公共利益。尽管我们不能给公共利益下一个准确的定义，但公共利益并不是完全没有标准。如果公共利益完全没有标准，任凭公权力主体任意解释和界定，公民的权利

---

❶ 吕斌："三辩 KTV 版权费"，载《市场与法治》2006 年第 9 期。

和自由将不复存在。前文已经提到，公共利益的确是一个没有严格、确切标准和范围的不确定的法律概念。但是没有严格、确切标准和范围并不表明它没有标准和范围。公共利益的基本标准是公共利益的公共性。公共利益中的公共或公众应当是一个开放的群体而不是特定的群体，公共利益受益人是相应共同体全体成员或大多数成员的利益而不是个别成员或少数成员的利益。依法由政府向不特定的人群提供的公共服务，如改善治安、环境、公共基础教育、基本社会保障等可以纳入公共利益的范围，少数公共机构为某些人群提供法律以外的特殊利益则不属公共利益的范围。公共利益的范围既包括国防建设、军事行动、防灾减灾、市政建设、公共基础教育等传统公共利益的内容，亦包括随着经济和社会发展带来的环境保护、安全生产、公共卫生、残疾人保障等新的公共利益要求。当然不同地区和不同时期，由于自然条件和经济发展水平不同，公共利益的外延会有区别，需要给予不同程度的关注。正因如此，通过知识产权立法具体界定公共利益的范围就显得特别重要，而且为了防止公共利益外延不适当地扩大到不必要的领域，界定公共利益范围只能由知识产权法律加以规定，知识产权行政法规、地方性法规、规章等规范性法律文件不应被授权解释公共利益的具体范围。

对公共利益的限制，除应具体界定公共利益的范围外，还应确定认定公共利益的方法和程序，明确公共利益由谁判断认定以及怎样判断认定问题，这是公共利益实现程序的正当性的必然要求。公共利益的认定问题也许比具体界定公共利益的范围更为重要，因为尽管限制公共利益有必要界定公共利益的范围，但是即使法律规定了公共利益的范围，这种规定仍然是抽象的。在具体发生的事件里，是否属于法律规定的公共利益，仍有一个认定问题。授权什么机构、通过什么程序认定所发生的需要是不是公共利益，这是我国相关法律包括知识产权限制法律制度没有解决的一个问题。笔者认为，公权力主体在实施公权力维护公共利益之前，应当尽可能能让公众参与公共利益的认定，甚至直接将公共利益需不需要认定、是不是公共利益的认定交付公众决定。即使是突发公共利益事件的处理，也应尽可能征求公众意见。由公共利益的主人自己来判断和认定相应公权力行为是不是符合自己的利益（公共利益），这也许是认定和识别公共利益的最佳方法和程序。

对因服从公共利益需要作出的牺牲进行补偿，也是公共利益实现的重要环节。当然这种牺牲应仅限于财产权益，人身利益不能为公共利益所牺牲。关于公共利益对知识产权造成的损害补偿问题，我国著作权法未明确规定，我国专利法规定由实施单位按照国家规定向专利权人支付使用费。实践中亦存在许多滥用公共利益之名侵害知识产权人利益的事件，其中一个主要原因就是没有处理好补偿问题。1789 年 8 月法国《人权与公民权宣言》第 17 条规定："财产是神圣不可侵犯的权利，除非当合法认定的公共需要所显然必须时，且在公平而预先补偿的条件下任何人的财产不得受到剥夺。"随后，1791 年 12 月《美国宪法修正案》第 5 条也规定："非经正当法律程序，不得剥夺任何人的生命、自由或财产；非有公正补偿，私有财产不得征为公用。"有权利损害则必有救济，这是公平正义的社会价值观的体现，也是现代法治的基本精神。基于公共利益造成知识产权人损害的补偿可分事前补偿、事中补偿、事后补偿3种情形，相对于事前补偿而言，事中或事后补偿皆可能使公民个人存在非正义的怀疑心理，因为它造成了目的与手段颠倒，实践中往往表现为，目的一旦达到，手段却常被忽略。补偿又可分公正补偿与适当补偿等种类，公正补偿强调的实际上就是等值补偿。事先公正补偿是对因服从公共利益需要而作出牺牲的知识产权人利益进行补偿所遵奉的通则，公益事业的目的不是削减或剥夺公民个人的利益而是增益之，倘若因公共需要使公民个人的权益得不到事先公正补偿，就会导致私人对公益事业的不信任，从而使公共利益事业受到损害。这一点，在构建和完善我国知识产权限制制度时一定要切记。

当然，在“一国两制”下的中国，将存在内地和香港、澳门、台湾地区4种各自独立、地位平等而又相冲突的知识产权限制制度。由于内地和香港、澳门、台湾地区均已成为世界贸易组织的成员，该组织的“与贸易有关的知识产权协议”（TRIPs协议）将对中国诸区域知识产权限制制度的协调产生重要的影响。❶ 限于篇幅，中国内地和香港、澳门、台湾地区的知识产权限制制度冲突和协调问题，本书就不作探讨。

第四节　本章小结

本章探讨的是从公共利益角度谈我国知识产权限制制度的完善问题。这一章本书作者首先论述的是我国知识产权限

❶ 朱雪忠、柳福东、陈蓉：“论我国区际工业产权制度的冲突与协调——兼论TRIPs协议对我国的影响”，载《法商研究》2003年第1期。

制制度的立法现状，然后从法律制度与法律部门的关系角度对我国知识产权限制制度体系进行了探讨。笔者认为，我国的知识产权限制制度体系是应由宪法、刑法、民法、经济法等法律部门中的知识产权限制制度的规定构成的一个有机联系的整体。最后对完善我国知识产权限制制度的相关问题进行了探讨。这些问题包括知识产权限制制度的立法模式、知识产权限制制度的本国特色、知识产权限制制度中公共利益概念使用以及对知识产权限制制度中公共利益的限制等。作者主张我国主体知识产权限制制度立法应变列举式立法模式为一般条款与列举式并用的新的立法模式；我国知识产权限制制度在应对发达国家施压、与知识产权国际公约逐渐靠近的同时，应当在允许的范围内更多地考虑是否有利于本国经济、技术、文化目标的实现，在此前提下实施本国知识产权战略；在知识产权限制制度立法过程中，应消除现有公共利益概念使用以及公共利益表达内涵不一致的缺陷问题，以保证立法本身的严谨和权威；由于公共利益容易被滥用，笔者主张通过对公共利益标准和范围的界定、明确公共利益的认定方法和程序、对因服从公共利益需要而作出牺牲的知识产权人进行事先公正补偿等环节来限制公共利益，使公共利益具有合法性。

第七章　研究结论与展望

第一节　研究结论

知识产权限制制度是知识产权法的重要组成部分，维护公共利益是知识产权限制制度的重要目的，本书以知识产权限制与公共利益关系作为论题，从知识产权限制理论层面和制度层面展开研究。

在知识产权限制的基础理论方面，笔者不赞成知识产权学界一些学者的知识产权公权性质或公权化的提法，因为公权性质或公权化提法会让人把知识产权属性与公权力连在一起，而事实上，私权利与公权力有明显的区别。知识产权本质上是一种私权利，只是与一般私权利相比，知识产权具有较强的公共利益属性，是一种具有较强公共利益属性的私权利，也正因如此，知识产权限制才成为必要。认清知识产权的权利属性，是探讨知识产权限制制度的建立和完善的前提。权利限制有内在理论和外在理论两种。内在理论认为，权利限制实际上是依权利自身性质产生的限制，是存在于权利自身之中的限制；外在理论认为，权利限制乃是权利之外对权利的限制。内在理论和外在理论各有其特点。知识产权学者在论及知识产权限制问题时很少谈知识产权限制的理论依据，这正说明知识产权部门法理论与民法理论甚至是一般法学理论常常脱节。笔者认为，就具体的知识产权限制制度的规定而言，同一限制规定从一个角度看属内在限制，从另一个角度看可能属外在限制。用限制理论来指导限制制度建设并不是非此即彼的问题，并不是仅能在内在限制理论和外在限制理论二者选一的问题。本书作者提出了知识产权限制应采用以内在理论为主兼顾外在理论的混合限制理论，并对这一理论进行了论证。

在知识产权限制的原因方面，知识产权学界有学者从知识产权权益分配的公平正义观、知识产权公共利益面来论述为什么要对知识产权限制，这是从宏观的法哲学层面对知识产权限制进行的考察。从微观的层面谈知识产权限制的原因主要涉及知识产权滥用和知识产权利益平衡等种类，且未展开系统论述。本书通过梳理与知识产权密切相关的知识产权权利滥用、知识产权利益平衡、知识产权权利冲突等范畴，对知识产权限制的原因发表了自己的独特见解。本书作者认为，知识产权滥用是一种特殊的知识产权侵权行为，尽管它是一种特殊的侵权行为，但只要是侵权行为，它导致的后果必然是侵权人承担相应的法律责任。对知识产权滥用这样的侵权行为只存在规制（预防和制裁）问题，而不存在限制问题，因此，它不可能是知识产权限制的原因。就利益平衡与知识产权限制的关系问题，本书认为尽管利益平衡是中国知识产权领域的一个热门话题，甚至有学者认为利益平衡是中国知识产权法的理论基础，但它不仅仅是一个法律问题甚至主要就不是一个法律问题，因为它广泛地存在于社会的政治、经济、文化及其他领域。利益平衡是法律要实现的目的之一，当然也是知识产权限制要实现的目的，是司法实践中解决利益冲突问题的基本方法，它亦不是知识产权限制的原因。关于知识产权限制的原因，笔者的看法是：相对于知识产权滥用和利益平衡而言，把知识产权冲突看做是知识产权限制的原因更为合理。在这里，知识产权冲突是指两项以上的合法权利之间的冲突，由于一项权利的行使可能阻却他人权利的实现，因而有必要对相互冲突的权利进行限制。权利冲突是知识产权限制的原因。

在探讨知识产权限制制度的公共利益的关系问题时，笔者认为，公共利益在知识产权限制制度中具有非常重要的地位。在不涉及公共利益仅涉及个人与个人之间利益关系时，调整知识产权权利人和其他个人利益关系的法律制度主要是知识产权保护制度；在涉及知识产权个人利益与社会公共利益关系时，知识产权限制制度才成为必要。知识产权限制制度调整的是知识产权人个人利益与公共利益的关系。公共利益优位是知识产权限制制度中的重要原则，当个人利益与公共利益发生冲突时，应当优先维护公共利益。公共利益的最终受益者是个人，而个人利益的维护有时又体现了公共利益，因此维护公共利益既是公法追求的目标亦是私法追求的目的。本书作者对公法与私法维护公共利益的不同点进行了比较，得出的结论是：公法对于公共利益的维护重在限制公权力，而私法对于公共利益的维护重在限制私权利。

在从公共利益角度谈我国知识产权限制制度的完善部分，本书从法律制度与法律部门的关系角度对我国知识产权限制制度体系进行了探讨。笔者认为，我国的知识产权限制制度体系是应由宪法、刑法、民法、经济法等法律部门中的知识产权限制制度的规定构成的一个有机联系的整体。我国主体知识产权制度立法应变列举式立法模式为一般条款与列举式并用的新的立法模式；我国知识产权限制制度在应对发达国家施压、与知识产权国际公约逐渐靠近的同时，应当在允许的范围内更多地考虑是否有利于本国经济、技术、文化目标的实现，在此前提下实施本国知识产权战略；在知识产权限制制度立法过程中，应消除现有公共利益概念使用以及公共利益表达内涵不一致的缺陷问题，以保证立法本身的严谨和权威；由于公共利益容易被滥用，本书作者主张通过对公共利益标准和范围的界定、明确公共利益的认定方法和程序、对因服从公共利益需要而作出牺牲的知识产权人进行事先公正补偿等环节来限制公共利益，使公共利益具有合法性。

第二节　研究展望

知识产权限制与社会公共利益是一个非常抽象而宏大的研究课题，它涉及社会公共利益与知识产权限制的方方面面，包括公法中的公共利益、私法中的公共利益、知识产权权利限制理论依据、知识产权权利冲突问题、知识产权限制制度建设等内容。本书只是选取了其中的相互关联的几个问题进行研究。在写作中笔者亦存在许多疑虑和困惑，仍然有许多问题有待今后进一步深入研究和探讨。

（1）虽然笔者主张知识产权限制应采用以内在理论为主兼顾外在理论的混合限制理论作为知识产权限制的理论依据，并对这一理论进行了论证。但对这一理论的论证是否充分，采用这一理论是否被同行认可，这一问题有待于实践来检验，也有待于笔者进一步思考。

（2）虽然笔者借鉴法学理论界的普遍看法，相对于知识产权滥用和利益平衡而言，把知识产权权利冲突作为知识产权限制的原因，但知识产权冲突是知识产权限制的惟一原因还是主要原因、知识产权冲突主要是知识产权权利之间的冲突还是知识产权与社会公共利益或他人权利之间的冲突还值得我们继续思考，而且尽管笔者认为知识产权滥用与知识产权限制没有因果关系，但在论及知识产权限制制度时亦会谈到知识产权滥用的问题，知识产权限制与知识产权滥用的关系问题有待于我们进一步探索。

（3）公共利益是一个非常艰难的话题，笔者对公共利益的论述相当肤浅。尽管笔者认为公共利益是知识产权限制制度的主要目的，但知识产权限制制度中哪些规定是为了实现公共利益，哪些规定是为了实现知识产权人以外的其他个人的利益，笔者很难把握。

（4）知识产权限制制度是属于什么性质的制度，私法制度、公法制度抑或是第三法域的社会法制度？主体知识产权限制制度是以法典式的《知识产权法》规定，还是规定在单行的《著作权法》《专利法》《商标法》之中更好？作者不能作出肯定回答，本书也没有作充分论证。

以上这些问题笔者将在未来的时间作进一步思考和探索，以期完善并深化本研究课题。

主要参考文献

1 罗玉中．知识经济与法律．北京：北京大学出版社，2001
2 郑成思．知识产权法．北京：法律出版社，1997
3 李玉香．知识产权权利限制制度的法律完善．人民司法，2004（6）
4 袁秀挺，郭芬．知识产权的法律限制体系．电子知识产权，2003（10）
5 郑成思．私权、知识产权与物权的权利限制．法学，2004（9）
6 吴汉东，胡开忠．无形财产权制度研究．北京：法律出版社，2001
7 冯晓青．论知识产权的若干限制．中国人民大学学报，2004（1）
8 杨为国，马荣．对强制许可制度与观念的协调研究．科研管理，2001（3）
9 王先林．知识产权与反垄断法：知识产权滥用的反垄断问题研究．北京：法律出版社，2001
10 余翔．法无定法——美国专利权穷竭与产品平行进口立法及判例分析．国际贸易，2000（12）
11 Ted Hagelin，The Experimental Use Exemption to Patent Infringement：Information on Ice，Competition on Hold. 58Fla. L. Rev，2006
12 Obijiofor Aginam，Between Life and Profit：Global Governance and the Trilogy of Human Rights，Public Health and Pharmaceutical Patents. 31 N. C. J. Int'l L. & Com. Reg，2006
13 World Health Organization，WTO Agreements and Public Health，World Health Organization，2002
14 European Communities-Protection of Trademarks and Geographical Indications for Agricultural Products and Foodstuffs，Report of the

Panel. WT/DS174/R

15 Paul Goldstein, International Copyright: Principles, Law, and Practice, New York: Oxford University Press, 2001

16 Frederick M, Abbott & David J. Gerber, Public Policy and Global Technological Integration. Kluwer Law International, 1997

17 Joseph J. Basista, Lynda J. Zadra-Symes, Using U. S. Intellectual Property Rights to Prevent Parallel Imports, E. I. P. R, 1998, 20 (6)

18 Carsten. Fink (Editor), Intellectual Property Protection: Effects on Market Structure, Trade and Foreign Direct Investment, World Bank Publications, 2004

19 刘春田．知识产权法．北京：中国人民大学出版社，2002

20 王利明，郭明瑞，方流芳．民法新论．北京：中国政法大学出版社，1998

21 郑成思．WTO 知识产权协议逐条讲解．北京：中国方正出版社，2001

22 吴汉东等．知识产权基本问题研究．北京：中国人民大学出版社，2005

23 李永明，吕益林．论知识产权之公权性质——对“知识产权属于私权”的补充．浙江大学学报（人文社会科学版），2004（4）

24 冯晓青．知识产权法利益平衡理论．北京：中国政法大学出版社，2006

25 张平华．私法视野里的权利限制．烟台大学学报（哲学社会科学版），2006（7）

26 Robert Alexy. A Theory of Constitutional Rights, Oxford University Press, 2002

27 ［法］盖斯旦，古博．法国民法总论．陈鹏等译．北京：法律出版社，2000

28 Lametti, The Concept of Property: Relations through Objects of Social

Wealth, University of Toronto Law Journal, (Fall) 2003
29 William Landes and Richard Posner, An Economic Analysis of Copyright Law, Jou nal of Legal Studies, 1989 (18)
30 Jusin Hughes, The Philosophy of Intellectual Property, Georgetown Law Journal, 1988 (77)
31 Robert Nozick, Anarchy, State and Utopia, New York: Basic Books, 1974
32 John Locke, Two Treaties of Government. Cambridge: Cambridge University press, Second Treatise, sec. 1970
33 Hughes, Philosophy of Intellectual Property
34 Thomas Jefferson, Notes on the State of Virginia, New York: Norton, 1972; Karl Marx. Economic and Philosophic Manuscripts of 1844, New York: International Publishers, 1694
35 Copyright and a Democratic Civil Society, Yale Law Journal, 1996 (106): 283
36 Peter Drahos, A philosophy of Intellectual Property, Dartmouth publishing company limited, 1996
37 梁慧星．民法总论．北京：法律出版社，2001
38 公丕祥．论权利的实现．江苏社会科学，1991（2）
39 冯晓青，杨利华等．知识产权法热点问题研究．北京：中国人民公安大学出版社，2004
40 国家知识产权局知识产权发展研究中心．规制知识产权的权利行使．北京：知识产权出版社，2004
41 汪太贤．权利的代价——权利限制的根据、方式、宗旨和原则．学习与探索，2000（4）
42 王先林．知识产权滥用及其法律规制．法学，2004（2）
43 王利明．民法总则研究．北京：中国人民大学出版社，2003
44 钱玉林．禁止权利滥用的法理分析．现代法学，2002（1）

45 郭道晖．法理学精义．长沙：湖南人民出版社，2005
46 Ronald Dworkin, Taking Right Seriously, Harvard University Press, 1978
47 ［美］庞德．通过法律的社会控制 法律的任务．沈宗灵，董世忠译．北京：商务印书馆，1984
48 陈新民．德国公法学基础理论．济南：山东人民出版社，2001
49 蒋悟真，李晟．社会整体利益的法律维度——经济法基石范畴解读．法律科学，2005（1）
50 胡建淼．公共利益的法理之维．法学，2004（10）
51 郑成思．图书馆、网络服务商、网络盗版与利益平衡．社会科学管理与评论，2005（3）
52 吴汉东．知识产权本质的多纬度解读．中国法学，2006（5）
53 郑友德，陶双文．美国知识产权滥用．知识产权，2001（2）
54 张文显．二十世纪西方法哲学思潮研究．北京：法律出版社，2006
55 尹奎杰．利益平衡论；张文显．法学理论前沿论坛（第二卷）．北京：科学出版社，2003
56 李国海．析知识产权法中的公共利益概念．中南大学学报（社会科学版），2003（4）
57 徐国栋．民法基本原则解释——成文法局限性克服．北京：中国政法大学出版社，1992
58 陶鑫良，单晓光．知识产权法纵论．北京：知识产权出版社，2004
59 张海涛，张海英．试论网络著作权及其权利限制．兰州学刊，2004（4）
60 吴汉东．著作权合理使用制度研究．北京：中国政法大学出版社，2005
61 葛现琴．论知识产权领域的私权保护与社会公共利益博弈．理论

学刊，2005（9）
62 李秋容．个体利益与公共利益的博弈与平衡——关于知识产权制度的法理与实证分析．电子知识产权，2004（7）
63 曹新明．知识产权法哲学理论反思——以重构知识产权制度为视角．法制与社会发展，2004（6）
64 冯晓青．网络环境下的著作权保护、限制及其利益平衡．社会科学，2006（11）
65 盘长丽．对播放 MTV 收费问题及法律对策的探讨．广西民族学院学报（哲学社会科学版），2006（6）
66 潘淑红．卡拉 OK 著作权纠纷案法律评析．法学，2004（7）
67 谢守分．MP3 侵犯录音制品制作人著作权的法律问题探析——以美国最近的一个判例为线索．知识产权，2001（1）
68 李静．“保留地”之辨——论新著作权法下信息网络传播权的限制．电子知识产权，2004（5）
69 陈兰钦．论网络时代著作权的权利限制．福建政法管理干部学院学报，2004（4）
70 常廷文．网络作品著作权权利限制的理论和立法探讨．科技与出版，2005（1）
71 翟中鞠．“网络时代的著作权保护”国际研讨会综述．法商研究，2004（4）
72 李颖怡，罗鑫星．网络后现代特征与著作权合理使用制度的调适．中山大学学报（社会科学版），2007（1）
73 郭寒剑，程博．网络时代知识产权利益平衡——以著作权利益平衡制度为核心的解读．山西师范大学学报（社会科学版），2006（4）
74 邓社民．数字环境下著作权合理使用与侵权的法律边界——由一个馒头引发的血案引起的思考．法学论坛，2006（6）
75 苏力．戏仿的法律保护和限制——从一个馒头引发的血案切入．中

国法学，2006（3）
76 王迁．论认定“模仿讽刺作品”构成“合理使用”的法律规则——兼评一个馒头引发的血案涉及的著作权问题．科技与法律，2006（1）
77 李旭．一个馒头引发的血案引起的思考．信息网络安全，2006（3）
78 季卫东．网络化社会的戏仿与公平竞争——关于著作权制度设计的比较分析．中国法学，2006（3）
79 吴汉东．知识产权的私权与人权属性——以《知识产权协议》与《世界人权公约》为对象．法学研究，2003（3）
80 ［英］哈特．法律的概念．张文显等译．北京：中国大百科全书出版社，1996
81 沈宗灵．比较法研究．北京：北京大学出版社，1998
82 沈宗灵．法理学．北京：北京大学出版社，2000
83 沈宗灵．对霍菲尔德法律概念学说的比较研究．中国社会科学，1990（1）
84 俞江．近代中国民法学中的私权理论．北京：北京大学出版社，2003
85 曹险峰．私权及其救济．载张文显．法学理论前沿论坛（第二卷）．北京：科学出版社，2003
86 ［意］彼德罗·彭梵得．罗马法教科书．黄风译．北京：中国政法大学出版社，1992
87 ［古罗马］优士丁尼．法学阶梯．徐国栋译．北京：中国政法大学出版社，1999
88 International Encyclopedia of Comparative Law. vol2. ch2.
89 易继明．私法精神与制度选择．北京：中国政法大学出版社，2003
90 孙国华，杨思斌．公私法的划分与法的内在结构．法制与社会发

展，2004（4）
91 ［奥］凯尔森．法与国家的一般理论．沈宗灵译．北京：中国大百科全书出版社，1996
92 ［英］哈耶克．法律、立法与自由．邓正来等译．北京：中国大百科全书出版社，2000
93 ［美］庞德．法律史解释．曹玉堂译．北京：华夏出版社，1989
94 郑成思．知识产权论．北京：法律出版社，2001
95 谢晖．法律信仰的理念与基础．济南：山东人民出版社，1997
96 李步云．法理学．北京：经济科学出版社，2000
97 刘华．国际专利制度改革的实证分析及对我国的启示．法律科学，2006（1）
98 刘春田，金海军．2003 年知识产权法学学术研究回顾．法学家，2004（1）
99 李雅萍．德国法上关于基本权利之限制．宪政时代，第 22 卷
100 王泽鉴．民法物权（1）：通则．所有权．北京．中国政法大学出版社，2001
101 ［德］拉伦茨．德国民法通论：上．谢怀栻译．北京：法律出版社，2003
102 ［德］M. 雷炳德．著作权法．张恩民译．北京：法律出版社，2005
103 ［德］霍恩等．德国民商法导论．楚建译．北京：中国大百科全书出版社，1996
104 李扬等．知识产权基础理论和前沿问题．北京：法律出版社，2004
105 李扬．重塑以民法为核心的整体性知识产权法．法商研究，2006（6）
106 李锡鹤．民法哲学论稿．上海：复旦大学出版社，2000
107 易军．个人主义方法论与私法．法学研究，2006（1）

108 A. P. Hamlin. Procedural individualism and Outcome Liberalism. in F. A Hayek. Critical Assessments. edited by J. C. Wood and R. N. Woods, Routledge, Vol. N. 1991: 19.
109 Marx Weber. Economy and Society—an Outline of Interpretive Sociology. New York: Bedminster Press, 1968
110 [英] 边沁. 道德与立法原理导论. 时殷弘译. 商务印书馆, 2000
111 [英] 密尔. 论自由. 程崇华译. 北京: 商务印书馆, 1959
112 Jeremy Waldron. Right in Conflict [J]. Liberal Rights, 1993
113 黄茂荣. 法学方法与现代民法. 北京: 中国政法大学出版社, 2001
114 王人博, 程燎原. 权利及其救济. 济南: 山东人民出版社, 2002
115 吴汉东. 知识产权法. 北京: 中国政法大学出版社, 2004
116 刘春田. 知识产权法. 高等教育出版社. 北京: 北京大学出版社, 2003
117 陶鑫良, 袁真富. 知识产权法总论. 北京: 知识产权出版社, 2005
118 莫纪宏, 徐高. 紧急状态法学. 北京: 中国人民公安大学出版社, 1992
119 吴汉东. 论合理使用. 法学研究, 1995 (4)
120 刘春茂. 中国民法学. 知识产权. 北京: 中国人民公安大学出版社, 1997
121 [美] 罗尔斯. 正义论. 何怀宏, 廖申白译. 北京: 中国社会科学出版社, 1988
122 张文显. 法理学. 北京: 高等教育出版社, 2003
123 沈木珠, 周倩倩. 论对知识产权滥用的限制. 政治与法律, 2005 (4)
124 汪渊智. 论禁止权利滥用原则. 法学研究, 1995 (5)

125 王先林．关注知识产权滥用问题．安徽科技，2004（3）
126 ［法］孟德斯鸠．论法的精神（上册）．张雁深译．北京：商务印书馆，1982
127 任寰．论知识产权法的利益平衡原则．知识产权，2005（3）
128 冯晓青．知识产权法哲学．北京：中国人民公安大学出版社，2003
129 ［美］E. 博登海默．法理学——法律哲学与法律方法．邓正来译．北京：中国政法大学出版社，2004
130 L. Ray Patterson，Stanley W. Lindberg，The Nature of Copyright：A Law of Users' Right，Sathens & London ：the University of Georgia Press，1991
131 武步云．行政法的理论基础——公共权利论．法律科学，1994（3）
132 袁泳．数字技术与版权领域的利益平衡论．南京大学学报，1999（3）
133 刘作翔．权利冲突的几个理论问题．中国法学，2002（2）
134 ［美］本杰明·N. 卡多佐．法律的成长——法律科学的悖论．董炯，彭冰译．北京：中国法制出版社，2002
135 张平华．权利冲突辨．法律科学，2006（6）
136 李友根．社会整体利益代表机制研究．南京大学学报，2002（2）
137 王保树．论经济法的法益目标．清华大学学报（哲学社会科学版），2001（5）
138 ［法］卢梭．社会契约论．何兆武译．北京：商务印书馆，1982
139 单飞跃，阳永恒．社会法：一种经济法研究进路的反思．湘潭大学社会科学学报，2001（10）
140 李昌麒，陈治．经济法的社会利益考辨．现代法学，2005（5）
141 冯果，万江．求经世之道，思济民之法——经济法之社会整体利益观诠释．法学评论，2004（3）

142 马克思恩格斯选集第3卷．北京：人民出版社，1960

143 ［荷］格老秀斯．战争与和平的权利．见黄楠森，沈宗灵主编．西方人权学说（上册）．成都：四川人民出版社，1994

144 ［英］米尔恩．人的权利与人的多样性——人权哲学．夏勇等译．北京：中国大百科全书出版社，1995

145 ［英］斯坦，香德．西方社会的法律价值．王献平译．北京：中国人民公安大学出版社，1990

146 叶必丰．行政法的人文精神．武汉：湖北人民出版社，1999

147 Edward W. Polman，L Clark Hamilton，*Copyright*：*Intellectual Property in the Information Age*，Routledge and Kegan Paul Ltd，1980

148 H. R. Rep. No. 2222，60th，Cong.，2d Sess 7，1909

149 L. Ray Patterson，Stanley W. Lindberg，*The Nature of Copyright*：*A Law of Users' Right*，Sathens & London：the University of Georgia Press，1991

150 Copyright Law Revision，*Report of the Register of Copyrights*，House Comm Print，87th，Cong.，1st，Sess 6，1961

151 Harry N. Rosenfield，*The American Constitution*，*Free Inquiry and the Law*，Fair Use and Free Inquiry，1980

152 United States V Paramount Picture，Inc. 334 U. S. 1948：131；See also，Twentieth Centory Music Corp. U. Aiken，422 U. S. 1975

153 ［英］吉利恩·达维斯．权利集体管理中的公共利益．版权参考资料，1990（2）

154 陈云生．相对权利论．北京：人民出版社，1994

155 James Boyle，A Politics of Intellectual Property，Environmentalism for the Net?，47 Duke Law Journal，1977

156 ［美］本杰略·卡多佐．司法过程的性质．苏力译．北京：商务印书馆，2000

157 ［德］黑格尔．法哲学原理．范扬、张企泰译．北京：商务印书

馆，1961
158 张文显．法理学．北京：高等教育出版社，1999
159 朱新力，黄金富．论公共利益．浙江工商大学学报，2004（5）
160 范进学．定义公共利益的方法论及概念诠释．法学论坛，2005（1）
161 ［法］卢梭．社会契约论．何兆武译．北京：商务印书馆，1980
162 ［日］胜本正晃．权利的合理使用．独协法学（日本），1977（10）
163 郑成思．版权法．北京：中国人民大学出版社，1990
164 ［美］罗伯特·考特，托马斯·尤伦．法与经济学．张军等译．上海：上海人民出版社，1991
165 ［美］保罗·戈尔斯坦．国际著作权原则·法律与惯例．王文娟译．北京：中国劳动社会保障出版社，2003
166 Copyright Compulsory License Improvement Act, H. R. 3210 Feb. 12，1998
167 Donald S. Chisum，Michael A. Sacobs，Understanding Intellectual Property Law，1996
168 Darren E. Donnelly，Parallel Trade and International Harmonization of the Exhaustion of Rights Doctrine. 13 Santa Clara Computer & High Tech L. J，1997
169 Joseph Kohler，Recht Des Markenschutzes，1884
170 Thomas Hiebert，*Parallel Importation in U. S. Trademark Law*，Greenwood Press，1994
171 L. Ray Patterson，Stanley W. Lindberg，The Nature of Copyright：A Law of Users' Right，1991
172 Entscheidungen des Reichsgerichts in Zivilsachen［RGZ］50，229（F. R. G）. See also Carl Bandenbacher. Trademark Law and Parallel Imports in a Globalized World—Recent Developments in Europe with

Special Regard to the Legal Situation in the United States, 22Fordham Int'l L. J. 1999

173 Cal Baudenbacker, Trademark Law and Parallel Imports in a Globalized World—Recent Developments in Europe with Special Regard to the Legal Situation in the United States, 22 Fordham Int'l L. J, 1999

174 Sebastian Int'l, Lnc. V. Consumer Contacts (RTY) Ltd, 847F. 2d 1093, 1096 (3d Cir. 1988).

175 William R, Cornish. International Copyright Law, United Kingdom, 1989: 52

176 William F. Patry, The Fair Use Priuilege in Copyright Law, 1986

177 Harry G. Henn: Copyright Law, 1988

178 尹新天. 专利法的保护. 北京: 知识产权出版社, 2005

179 张玉敏. 知识产权法学. 北京: 中国检察出版社, 2002

180 吴汉东. 知识产权法学. 北京: 法律出版社, 2004

181 罗玉中, 袁秀挺. WTO、知识产权及我国知识产权法律制度的发展与完善. 前线, 2000 (11)

182 吴汉东. 合理使用制度的法律价值分析. 法律科学, 1996 (3)

183 John R. Searle, Speech Act, Cambridge University Press, 1969

184 Alison R. Watkins, Intellectual Property: Copyright: Note: Surgical Safe Harbors: The Family Movie Ace and the Future of Fair Use Legislation Berkeley Technology, Law Journal, 2006

185 魏纪林, 龙丹, 魏芳等. 提高我国企业核心竞争力的专利战略初探. 法学杂志, 2005 (4)

186 Keith E, Maskus. Intellectual Property Rights in the Global Economy, *Institute for International Economic*, Washington, DC, 2000 (8)

187 Xiaoqing Feng & Yanliang Wei, Internationalization of the Copyright System and the Amendment of the Copyright of the People's Republic of China. 4 Journal of the *World Intellectual Property*, 2002

188 Frankank & Romer, Does Trade Course Growth? Some Economics of Trade Secret Law, 5 Journal of *Economic Perspective*, 1999

189 Mansfield, Edvic, The Protection of Intellectual Property, Direct Investment, Transfer of Technology: the Practice of Germany, Japan and the United States of America. 1995

190 童大焕.KTV 版权费博弈中的法治期待.法律与生活，2007（1）

191 戴方.KTV 收版权费是好事但不知好在哪？详见 http://ent.sina.com.cn/y/2006-08-22/14481211346.html 访问时间 2007 年 4 月 15 日

192 吕斌.三辩 KTV 版权费.市场与法治，2006（9）

193 朱雪忠，柳福东，陈蓉.论我国区际工业产权制度的冲突与协调——兼论 TRIPs 协议对我国的影响.法商研究，2003（1）

194 Gerald Gunther Cases and Materials on Constitutional law, P. 1084, Stanford, California, 1975

195 Folsom V. Marsh. 9F. Cas. 342 (c. c. d. Mass. 1841) (No. 4901)

196 Donald S. Chisum, Michael A. Sacobs, Understanding Intellectual Property Law, 1996

197 Jusin Hughes, The Philosophy of Intellectual Property, Georgetown Law Journal, 77 (1988): 287

198 John Locke, *Two Treaties of Government* (P. Laslett, ed., Cambridge: Cambridge University press, 1970), Second Treaties, sec. 27

199 Thomas Jefferson, *Notes on the State of Virginia*, New York: Norton, 1972

200 Kad Marx, *Economic and Philosophic Manuscripts of* 1844, New York: International Publishers, 1694

201 Copyright and a Democratic Civil Society, *Yale Law Journal*, 106 (1996): 283

202 Asserting Copyright's Democratic Principles in the Global Arena, *Vanderbilt Law Review*, 51 (1998)

203 Antoon Quaedvlieg, Copyright's Orbit round Private, Commercial and Economic Law — the Copyright System and the Place of the User, 29 IIC 420 (1998)

204 Jeweler's Circular Publishing Co. v. Kehystone Publishing Co. , 281 F. 83 (2d Cir. 1992)

205 William F, Patry. Fair Use Privilege in Copyright Law, p10, 1986

206 John S. Lawence, Copyright Law, Fair Use and Academy, p10, 1980

207 Paul Goldstein, Copyright Principles: Law and Practice, p190, 1989

208 Harry N. Rosenfieid, the American Constitution, Free Inquiry, and the Law, Fair Use and Free Inquiry, p. 287, 1980

209 Sigmund Timberg, A Modernized Fair Use Code for Visual Auditory, and Audiovisual Copyrights, Fair Use and Free Inquiry, 1980

210 Eugene N. Aleinikoff, Fair Use and Broadcasting, Fair Use and Free Inquiry, 1980

211 Adam D. Moore, A Lockean Theory of Intellectual Property, 21 Hamline Law Review 78 (1997)

212 New Era Publication Int'l v. Henry Holt and Co. , 695 F. Supp. 1493, 1499 (S. D. N. Y. 1966)

213 W. Leggett, Democratick Editorials: Essays in Jacksonian Political Economy399 (L. White ed. 1984)

214 National Research Council, A *Question of Balance*: *Private Rights and the Public Interest in Scientific and Technical Database*, National Academic Press, Washington, D. C. , 1999

215 W. R. Cornish, *Intellectual Property*: *Patents*, *Copyright*, *Trade Marks and Allied Rights*, London: Sweet & Maxell, 1999, 4 ~ 6

216 Keith E. Maskus, Intellectual Property Rights in the Global Economy, Institute for International Economics, Washington, DC, August 2000

217 Norman Siebrasse, A Property Rights Theory of the Limits of Copy-

right, *University of Toronto Law Journal*, 34 (2001)

218 Baker v. Selden, 101 U. S. 99, 102 ~ 103 (1879)

219 Black's Law Dictionary, 5th. ed. , West Publishing Company, 1983

220 Integrating Intellectual Property Rights and Development Policy, Report of the Commission on Intellectual Property Rights, London September 2003

221 Andrew C. Mertha, Debora J. Halbert, The Politics of Property in Contemporary China, *Law & Society Review*, December 2006

222 William Fisher, *Theories of Intellectual Property*, *New Essays in the Legal and Political Theory of Property*, S. Munzer ed. , Cambridge University Press, 2000

223 Nive Elkin-Koren, Public/Private and Copyright Reform in Cyberspace, Journal of Computer-Mediated Communication, September 1996

224 Norman E. Bowie, Digital Rights and Wrongs: Intellectual Property in the Information Age, *Business and Society Review*, February 2005

225 J. Carlos Fernandez-Molina, Licensing Agreements for Information Resources and Copyright Limitations and Exceptions, *Journal of Information Science*, 30 (4) 2004

226 Tamara Eisenschitz, Paul Turner, Rights and Responsibilities in the Digital Age: Problems with Stronger Copyright in an Information Society, *Journal of Information Science*, 23 (3) 1997

227 Adrienne Muir, Charles Oppenheim, National Information Policy Developments Worldwide IV: Copyright, Freedom of Information and Data Protection, *Journal of Information Science*, 28 (6) 2002

228 Lucy Montgomery, Brian Fitgerald, Copyright and Creative Industries in China, *International journal of Cultural studies*, 2006; 9; 407

229 Siva Vaidhyanathan, Copyrights and Copywrongs: The Rise of Intellectual Property and How it Threatens Creativity, *The Journal of Popular Culture*. February 2004

跋

本书是在我的博士生导师罗玉中教授悉心指导下完成的。论著从选题到撰写大纲、从文献综述到开题报告、从论文写作到最终修改定稿的整个过程，每一步都凝结着恩师辛勤的汗水和心血、倾注了恩师殷切的关怀和帮助。恩师高尚的道德风范、渊博的学识造诣、严谨的治学作风、杰出的科研能力、认真的工作精神、谦和的为人处世给弟子们留下了深刻印象，使弟子们备感亲切、备受鼓舞并终生受用，弟子们为有这样的导师而自豪。值此论著正式出版之际，弟子谨向导师罗玉中教授致以最崇高的敬意和最真诚的感谢！

在攻读博士学位的几年时间里，作者除要完成博士学业外，还必须承担繁重的教学任务和巨大的科研压力，有时深感疲于应对。好在华中科技大学法学院各位领导和老师给予了作者热情关怀和无私帮助。衷心感谢法学院院长易继明教授，衷心感谢朱雪忠教授、郑友德教授、裴丽萍教授、洪浩教授、李扬教授、曹海晶教授、何士青教授、李红海教授、王干教授、蓝寿荣教授、郭义贵教授、王天习副教授、管斌副教授、滕锐博士、饶传平博士，感谢法学院前任党支部书记彭利华老师、现任党支部书记姜燕兰老师、法学院研究生科王立环老师，没有你们的支持和帮助，作者将无法完成该论著的写作。

衷心感谢武汉大学资深教授、博士生导师李龙先生。李龙先生既是作者十多年前的硕士生导师，更像是作者的父亲，他不仅关心作者学业，更关心作者为人，常在作者情绪低落时鼓励作者。感谢我的师兄弟武汉大学法学院博士生导师汪习根教授、徐亚文教授，感谢武汉大学法学院院长肖永平教授，感谢我即将进站做博士后的合作导师冯果教授，是他们在作者遇到困难的时候常常提供帮助。

感谢我的硕士弟子武芳、张伟、韩天星，她（他）们在我写作论著的资料收集、文字校对等方面为作者分担了诸多琐事，使我的论著撰写和出版变得相对容易。

感谢我父亲几十年含辛茹苦的养育之恩。由于历史的原因我的母亲在我两岁时含冤去世，父亲独自一人把我们五个孩子拉扯大，一生都在为儿女奉献从无怨言，在我眼里他是世界上最伟大的父亲。在我攻读博士学位期间，父亲在我毫无心理准备的情况下突然离我而去，我没办法接受这样的事实，内心承受着巨大的痛苦和打击，甚至感觉生活已没有任何意义。好在有我岳母、兄长、大姨姐的劝解和关心，有我妻子和女儿的陪伴和支持。她（他）们永远是作者奋勇前进的力量源泉和坚强后盾。

最后，真诚感谢本书责任编辑、知识产权出版社的刘睿女士为本书出版所付出的辛勤劳动和努力，感谢所有帮助和关心我的好心人。

谨将此书献给突然离我而去的父亲。

彭礼堂

2008 年 5 月于华工喻园